Le troisième œil	J'ai lu
Histoire de Rampa	J'ai lu 1827/3
La caverne des Anciens	J'ai lu 1828/3
Les secrets de l'aura	J'ai lu 1830/3
La robe de sagesse	J'ai lu 1922/3
Les clés du Nirvana	J'ai lu 1831/2
Crépuscule	J'ai lu 1851/2
C'était ainsi	J'ai lu 1976/2
Je crois	J'ai lu 1923/2
Les trois vies	J'ai lu 1982/2
Lama médecin	J'ai lu 2017/3
L'ermite	J'ai lu 2538/3
La treizième chandelle	J'ai lu 2593/3
Pour entretenir la flamme	J'ai lu 2669/3
Vivre avec le Lama	
Le sage du Tibet	
Les lumières de l'astral	J'ai lu 2739/3
Les univers secrets	J'ai lu 2991/4
Le dictionnaire de Rampa	J'ai lu 3053/4

RAMPA

Les clés du nirvâna

TRADUIT DE L'ANGLAIS PAR
FRANCE-MARIE WATKINS

ÉDITIONS J'AI LU

*A qui dédier ce livre, sinon
à vous, lecteur fidèle...*

Précédemment édité sous le n° A 298

Titre original :

BEYOND THE TENTH

© T. Lobsang Rampa, 1969

Pour la traduction française :
© Éditions J'ai lu, 1973

UNE LETTRE PERSONNELLE

Cher lecteur,

Depuis plus de dix ans vous m'écrivez, de toutes les parties du monde, même d'au-delà du rideau de fer; je reçois quelque trente ou quarante lettres par jour, auxquelles je réponds consciencieusement. Beaucoup d'entre vous, cependant, me disent que j'appartiens à mes lecteurs, et que je dois continuer d'écrire des livres jusqu'à ce que toutes les questions qu'ils se posent aient reçu une réponse.

A cela, j'ai répondu par une question : « Que voulez-vous que je vous dise encore ? Dites-moi ce que vous cherchez, dites-moi ce que vous voulez savoir, dites-moi ce que vous n'avez pas trouvé dans mes autres livres, et je vous répondrai. »

Ce sont les lettres que j'ai reçues alors qui m'ont poussé à écrire ce nouveau livre.

Certains d'entre vous vont me reprocher de me répéter par endroits. A cela je répondrai simplement que c'était le vœu de mes lecteurs; si vous trouvez des répétitions, dites-vous alors qu'elles sont là pour vous rafraîchir la mémoire.

Entre toutes les prières de mes correspondants,

celles-ci sont les plus courantes : « Maître, je vous en supplie, venez me rendre visite dans l'astral; Maître, guérissez-moi; Maître, dites-moi quel cheval va gagner le Sweepstake... » Mais ces lecteurs oublient que la journée n'a que vingt-quatre heures; ils ne pensent pas aux fuseaux horaires, et surtout ils oublient que si, lorsque je suis dans l'astral, je peux les voir très nettement, eux-mêmes n'en sont pas toujours capables, encore qu'un nombre incalculable de personnes m'aient écrit pour me confirmer la date exacte de certaines visites astrales, de certains contacts télépathiques, etc.

Ma lettre doit s'arrêter là, elle est déjà trop longue. Mieux vaut lire mon livre, n'est-ce pas?

T. LOBSANG RAMPA

1

La nuit d'été était douce et une brise légère murmurait dans les branches des saules entourant le Temple du Serpent. De petites vagues brisaient la surface du lac paisible tandis que des poissons matinaux montaient pour happer des insectes sans méfiance. Au-dessus des grands pics où le vent soulevait un panache de neiges éternelles, une étoile solitaire brillait dans le ciel luminescent.

Dans les granges, de petits cris et des bruissements trahissaient la présence de souris ravageuses cherchant leur pitance dans les barils d'avoine. Des pas feutrés et deux yeux luisants les effrayèrent. Le Chat Gardien venait d'apparaître. Dans le silence soudain il renifla avec méfiance, puis il sauta adroitement sur le rebord d'une fenêtre et contempla le ciel où des lueurs diffuses annonçaient l'aurore.

Les lampes à beurre clignotaient en sifflant et leurs flammes grandirent brusquement lorsque les acolytes du service de nuit remplirent leurs réservoirs. Un murmure monta dans les temples intérieurs, accompagné de la délicate sonnerie des cloches d'argent. Là-haut sur le toit, une silhouette se dressa pour accueillir le nouveau jour, en portant à ses lèvres la trompette du matin.

Des ombres apparurent, se groupèrent devant une porte dérobée, et descendirent par le sentier de montagne pour se rendre au bord d'un petit affluent de la Rivière Heureuse, qui alimentait en eau le Potala. Des vieillards, de solides jeunes gens, des enfants, tous membres de la caste des serviteurs, suivirent le sentier, portant des seaux de cuir afin de puiser de l'eau à la rivière pour la rapporter aux grandes citernes des cuisines.

La descente était facile, et la petite troupe encore ensommeillée allait bon train. Près du puits, constamment alimenté par l'affluent, le groupe se réunit pour bavarder, échanger les potins de la veille, retardant le moment d'entamer la dure remontée.

Le jour se levait. Le manteau pourpre de la nuit s'envolait vers l'Ouest à l'approche de l'aube, les étoiles s'éteignaient; et déjà les premiers rayons du soleil levant illuminaient les nuages compacts. Les sommets se teignaient d'or et des arcs-en-ciel apparaissaient dans les panaches de neige soufflée par le le vent perpétuel, si bien que chaque pic ressemblait à une fontaine lumineuse.

Bientôt la vallée de Lhassa s'illumina et le soleil se refléta sur les toits d'or du Potala et sur les dômes de la cathédrale de Jo Kang au cœur de la ville. Au pied du Potala, près des statues polychromes, un petit groupe de gens matinaux levèrent les yeux vers la lumière scintillante, pensant qu'elle devait être le reflet de l'esprit du Grand Initié.

Au pied de notre sentier de montagne, cependant,

les moines serviteurs se moquaient éperdument des beautés de la nature et bavardaient pour tuer le temps avant de reprendre leurs fardeaux pour gravir la montagne. Un vieux moine, que nous appellions Grandes-Oreilles, se hissa sur un rocher plat et contempla le lac, la rivière, et la berge au-delà.

— Sais-tu ce que j'ai entendu dire aux marchands qui étaient en ville hier? demanda-t-il au moinillon qui était grimpé à ses côtés.

— Non, répliqua le jeune garçon, mais je sais que les marchands racontent toujours des histoires extraordinaires. Qu'as-tu donc entendu, l'Ancien?

Grandes-Oreilles se redressa, gonfla ses joues et s'essuya le nez avec un pan de sa robe. Puis il cracha adroitement entre ses deux seaux pleins.

— Hier, j'ai dû aller en ville, dit-il, et dans la rue des Échoppes, j'ai rencontré des marchands qui étalaient leurs marchandises. L'un d'eux me parut plus intelligent que les autres, et assez instruit, tout comme moi, aussi me suis-je attardé pour converser avec lui.

Le vieux moine s'interrompit, et contempla la rivière bouillonnante. Une grenouille venait de recevoir sur la tête le caillou lancé par un petit acolyte et coassait des protestations.

— C'était vraiment un homme instruit, reprit le vieillard, et qui a beaucoup voyagé en de lointains pays. Il m'a dit qu'il avait quitté une fois son pays natal, l'Inde, et qu'il avait traversé les océans pour aller en Merika. Il vendait des seaux, et je lui ai dit qu'il me faudrait en acheter parce que les nôtres étaient usés, et il m'a dit qu'en Merika personne n'avait besoin de transporter de l'eau dans des seaux. Il m'a affirmé que dans ce pays tout le monde a de l'eau dans sa maison, qui coule par des tuyaux. Et il paraît qu'ils ont là-bas une pièce spéciale, où ils reçoivent toute l'eau qu'ils veulent, et qu'ils appellent une salle de bains.

Le plus jeune moine ouvrit des yeux ronds.

— De l'eau dans les maisons ? Et dans une pièce spéciale ? Il s'est moqué de toi ! C'est trop beau pour être vrai ! J'aimerais bien que ça existe ici ! Mais on ne peut pas croire les récits de ces voyageurs, ils racontent n'importe quoi. Un marchand m'a affirmé un jour que, dans certains pays, ils ont de la lumière aussi vive que le jour, qu'ils gardent dans des flacons de verre et qui transforme la nuit en jour.

Il secoua la tête, comme s'il ne pouvait pas croire ces merveilles, et le vieux moine, Grandes-Oreilles, craignant de perdre ses prérogatives de conteur, reprit :

— Certainement, dans ce pays de Merika, ils ont beaucoup de choses admirables. Il y aurait vraiment de l'eau dans toutes les maisons. On n'a qu'à tourner un morceau de métal et l'eau jaillit comme d'une source, chaude ou froide à volonté, tant qu'on en veut et quand on en veut. Par la dent de Bouddha, c'est un grand miracle ! J'aimerais bien que nous ayons un système pareil dans nos cuisines. Depuis des années, je charrie de l'eau dans ces seaux, par ce sentier escarpé, et j'ai l'impression que mes jambes sont usées jusqu'aux genoux. Et mon dos est tout courbé à force de résister à ce vent perpétuel. De l'eau dans toutes les pièces, à volonté? Allons, ce n'est qu'un rêve. Ce n'est pas possible.

Le vieux moine soupira et se tut, et puis tous ses compagnons se redressèrent et se lancèrent dans une activité fébrile. Ils venaient d'apercevoir un des gardiens de notre loi, un Proctor immense, qui descendait par le chemin. Un des moines vida son seau et le remplit de nouveau, un autre en souleva vivement deux et s'élança sur le sentier tortueux. Bientôt tous les moines s'agitaient, et portaient vaillamment leurs seaux vers le sommet de la montagne. Le Proctor les suivit un moment des yeux, et finalement il s'engagea à son tour sur le sentier.

Un silence relatif tomba sur la rivière, à peine troublé par les chants des moines en prière et par les protestations ensommeillées d'un oiseau qui trouvait qu'il était bien tôt pour se lever et aller à ses affaires.

La vieille Mme Mac Dunnigan caqueta comme une poule qui vient de pondre un œuf géant et se tourna vers son amie, Mme O'Flannigan.

— Jamais plus je n'assisterai à une de ces conférences, déclara-t-elle. Qu'on ne vienne plus me raconter que les prêtres du Tibet peuvent communiquer par télépathie, c'est grotesque! Ils veulent nous faire croire n'importe quoi!

Mme O'Flannigan renifla avec mépris et répliqua :

— Ils n'ont qu'à se servir d'un téléphone, comme tout le monde, voyons!

Ces deux estimables personnes allèrent chacune

de leur côté, sans imaginer qu'elles représentaient « l'autre face de la médaille ». Les moines du Tibet ne pouvaient croire qu'il existât des maisons avec l'eau courante dans toutes les pièces, et les deux Occidentales étaient incapables de concevoir que les prêtres du Tibet puissent communiquer par télépathie.

Mais cela n'est-il pas vrai de nous tous ? Sommes-nous capables de voir le point de vue des autres ? Et de comprendre que ce qui est d'un usage courant chez nous puisse paraître inconcevable ailleurs, et *vice versa* ?

La première question que l'on nous pose a pour but de savoir quelle est la vie après la mort, et s'il est possible de communiquer avec ceux qui ont quitté cette terre. Considérons d'abord le cas d'une personne qui s'en va de ce bas monde. Généralement, elle est très, très malade, et la « mort » résulte inévitablement de la détérioration des mécanismes corporels. Le corps devient alors intenable, inopérant, ce n'est plus qu'une enveloppe d'argile retenant par force l'âme immortelle qui ne peut supporter cette prison, et s'envole donc. Quand elle a quitté le corps mort, qu'elle a échappé à sa prison terrestre familière, elle se trouve soudain dans un environnement inconnu, où les sens et les facultés sont beaucoup plus nombreux, et différents de ceux qui existent sur la terre. Ici-bas, nous sommes obligés de marcher, ou de nous enfermer dans une boîte métallique que nous appelons automobile et, à moins d'être assez riches pour prendre l'avion, nous sommes collés à la terre. Il en va tout autrement lorsque nous quittons notre corps parce que, sans lui, dans cette nouvelle dimension qui est le « plan astral », nous pouvons voyager à volonté, instantanément, par la seule puissance de notre pensée, nous n'avons plus besoin d'attendre le train ou le car, nous ne sommes plus tributaires des horaires d'avion ni des interminables attentes dans les aérogares.

Dans l'astral, nous pouvons voyager à la vitesse que nous voulons. Nous pouvons choisir à notre gré notre chemin, notre altitude et notre rapidité. Si par exemple nous désirons admirer les merveilleux paysages de ce monde astral avec ses prairies verdoyantes et ses lacs limpides, nous pouvons nous déplacer aussi légèrement qu'un duvet de chardon à ras de la « terre », à ras de l'eau, ou nous élever à notre gré pour planer au-dessus des montagnes astrales.

Dans cette nouvelle et admirable dimension, nous assistons à tant de changements que nous avons tendance, si nous n'y prenons garde, à oublier ceux qui nous pleurent sur ce vieux globe terrestre que nous venons de quitter. Nous oublions, certes, mais si les êtres de la terre nous regrettent trop vivement, nous nous sentons inexplicablement tiraillés, nous éprouvons d'étranges sentiments de tristesse et de chagrin. Ceux d'entre vous qui souffrent d'arthrite, ou qui ont des rages de dents comprendront ce que je veux dire; on sent un violent élancement qui vous fait sursauter. De même, lorsque nous nous trouvons passés dans le monde astral et qu'une personne nous pleure en se lamentant au lieu de s'occuper de ses affaires, elle nous gêne, elle nous retient par des liens dont nous n'avons que faire, et nous empêche de progresser.

Poursuivons notre chemin dans l'astral, allons un peu plus loin que ces premiers jours, jusqu'au moment où nous entrons dans la Salle des Souvenirs où nous allons prendre une décision, pour savoir quelle œuvre nous allons accomplir dans le monde astral, comment nous allons aider les autres, nous instruire, et imaginons que nous soyons affairés, en train de secourir autrui ou de nous instruire, et qu'alors une main vienne nous tirailler... Elle distrait notre attention, elle nous empêche de travailler, il est plus difficile pour nous d'aider les autres parce que nous ne parvenons plus à nous concentrer sur notre tâche.

Bien des gens semblent penser qu'ils peuvent communiquer avec leurs « chers disparus » en allant trouver un quelconque médium plus ou moins charlatan, qui leur demandera quelques dollars ou quelques francs et leur relaiera un message, tout comme un intermédiaire vous fait part d'un message téléphoné. Considérons justement le téléphone! Essayez d'appeler l'Espagne quand vous êtes au Canada, ou l'Angleterre d'une ville de l'Uruguay! Il faut d'abord surmonter les difficultés présentées par un intermédiaire, la téléphoniste (qui joue le rôle de médium) qui ne connaît peut-être pas la langue que nous parlons. Il y a ensuite des parasites, des déclics, des sifflements, la communication est difficile, parfois impossible. Et pourtant, ici, sur terre, nous connaissons le numéro de téléphone de la personne avec qui nous voulons parler. Mais qui va vous donner le numéro de l'être qui vient de quitter la terre et vit désormais dans le monde astral ? Comment, me direz-vous, un numéro de téléphone dans l'astral ? C'est à peu près ça, cependant, car tous les êtres humains ont une fréquence personnelle. De même que la BBC, la Voix de l'Amérique ou Europe 1 ont leurs fréquences propres, les êtres ont aussi la leur, et si nous connaissons cette fréquence nous pouvons tourner le bouton de notre radio pour écouter telle ou telle station, si toutefois les conditions atmosphériques le permettent, les fuseaux horaires concordent et la station émet. Cela fait beaucoup de « si ».

La même chose se passe pour les êtres qui ont quitté cette vie terrestre. Il est possible de communiquer avec eux si l'on connaît leur longueur d'ondes personnelle, et s'ils sont en mesure de recevoir un message télépathique. En général, à moins qu'un médium soit très, très expérimenté, il risque d'être égaré par des entités-nuisances, qui s'amusent, se font passer pour des humains et qui sont capables d'enregistrer les pensées du « correspondant ».

Imaginons que Mme Brown, une jeune veuve, cherche à communiquer avec son mari, qui vient de s'évader dans l'autre monde ; une de ces entités inférieures, qui ne sont pas humaines, peut percevoir ce qu'elle cherche à demander à son mari, et peut deviner, grâce aux pensées de Mme Brown, la façon de parler et l'aspect physique du mari. L'entité, comme un écolier dissipé qui n'a pas été assez souvent fouetté comme il le méritait, peut alors influencer le médium le plus sincère en lui donnant une description de M. Brown qu'elle vient de découvrir dans le subconscient de Mme Brown. Le médium donnera des « preuves stupéfiantes » en décrivant par le menu M. Brown qui, dira-t-il, se trouve à côté de lui. Il est évident qu'une personne très expérimentée ne se laissera pas abuser de cette façon, mais ces personnes sont bien rares et n'ont guère le temps de se livrer à ces expériences. De plus, lorsque l'intérêt entre en jeu et qu'un médium exige telle ou telle somme, il subit les effets d'une vibration inférieure qui l'empêche de lire correctement les messages.

Il est injuste et peu charitable de laisser notre deuil blesser ou gêner une personne qui vient de quitter la terre et qui travaille à présent ailleurs. Imaginons par exemple que nous soyons très absorbés par une tâche importante et qu'une personne que nous ne pouvons voir vienne nous distraire, nous tirer les oreilles, nous communiquer des pensées stupides ; nous ne pourrions plus nous concentrer et nous traiterions ce fâcheux de tous les noms. Soyez certain que si vous aimez réellement la personne qui a quitté la terre, et si elle vous aimait sincèrement, vous vous retrouverez dans l'au-delà parce que vous serez attiré vers elle quand votre tour viendra de quitter la terre. Dans le monde astral, il est impossible de rencontrer une personne que l'on déteste ou qui vous hait, car cela détruirait l'harmonie du monde astral, ce qui ne peut absolument pas se produire. Naturellement, si vous voyagez dans l'astral, vous pouvez vous rendre sur le plan inférieur qui est en quelque sorte la salle d'attente ou l'antichambre du véritable univers astral.

Sur ce plan inférieur il est possible de discuter et d'avoir des différends, mais dans les plus hautes régions il ne peut en être question.

Par conséquent, rappelez-vous bien ceci : si vous aimez réellement l'autre personne et si elle vous aime aussi, vous vous retrouverez, mais sur un plan tout à fait autre. Il n'y aura plus de malentendus comme ici-bas, plus de mensonges, car dans l'astral tout le monde peut voir l'aura des autres et, si un habitant de l'astral ment, ses vibrations personnelles se déforment et les couleurs de son aura deviennent heurtées. On apprend vite à dire la vérité.

Beaucoup de gens s'imaginent que s'ils n'offrent pas au disparu des obsèques somptueuses, s'ils ne se plongent pas dans des abîmes de douleur, ils ne peuvent prouver leur affection pour le défunt. C'est une erreur; le deuil est égoïste, le deuil provoque de graves interférences et trouble douloureusement la personne qui vient d'arriver dans le monde astral. On pourrait même considérer le deuil comme une façon de s'apitoyer sur soi-même et de pleurer sa propre perte. Il vaut bien mieux prouver son amour et son respect en maîtrisant son chagrin, pour éviter les crises de larmes intempestives qui font tant de mal à ceux qui nous ont quittés.

Les mondes de l'astral (parfaitement, au pluriel!) sont très réels. Les objets, les choses y sont aussi réels et substantiels qu'ils le paraissent sur la terre, et même davantage sans doute car là-bas nous jouissons de sens nouveaux, de facultés supplémentaires, nous découvrons de nouvelles couleurs, nous entendons des sons inconnus. Nous pouvons faire beaucoup plus de choses, sur le plan astral. Mais...

« Maître Rampa, vous nous avez longuement parlé du monde astral dans vos livres, mais vous ne nous en avez pas assez dit. Que font les gens, que mangent-ils, comment occupent-ils leurs loisirs ? Pouvez-vous nous le révéler ? »

Cela m'est bien facile, car je suis doué d'une mémoire eidétique, c'est-à-dire que je suis capable de me rappeler tout ce qui m'est arrivé, sans exception. Je me souviens de ma mort et de ma naissance, et j'ai le grand avantage de pouvoir voyager dans l'astral en restant pleinement conscient. Je vais donc répondre à ces questions.

Tout d'abord, il n'existe pas un monde astral mais plusieurs, innombrables ; en fait il en existe autant qu'il y a de différentes vibrations d'êtres. Je crois que le meilleur moyen de le faire comprendre est de prendre pour exemple la radio. Il existe d'innombrables stations de radio dans toutes les parties du monde. Si elles avaient toutes la même longueur d'ondes ce serait une horrible cacophonie, aucun auditeur ne s'y retrouverait et l'on ne comprendrait absolument rien aux émissions. Par conséquent chacune de ces stations a sa propre fréquence, et si l'on veut écouter la B.B.C. on se met à l'écoute sur la longueur d'ondes de la B.B.C. Si vous voulez écouter Moscou, vous cherchez la fréquence de l'émetteur de Moscou. Il y a des milliers de stations différentes, possédant chacune sa propre fréquence, sa propre entité, qui ne gêne pas les autres.

De même, les mondes de l'astral sont des plans d'existence différents qui ont chacun leur fréquence propre, si bien que dans le monde astral X, par exemple, on trouvera toutes les personnes compatibles, dans une certaine mesure. Dans le monde astral Y, on trouvera un autre groupe d'individus compatibles entre eux. Plus bas, dans ce que nous appelons l'astral inférieur, les conditions sont assez semblables à celles de la terre, c'est-à-dire que les groupes sont mêlés et la personne qui peut quitter son corps terrestre pendant le sommeil pour voyager dans l'astral se rend sur ce plan inférieur où les entités peuvent se mêler. L'astral inférieur est donc un lieu de réunion pour les personnes de races ou de confessions différentes, et même venant de mondes différents. La vie y est assez semblable à celle de la terre.

A mesure que nous progressons, que nous montons plus haut, nous nous apercevons que les fréquences deviennent de plus en plus pures. Alors que, dans l'astral inférieur, il nous est possible d'avoir une discussion avec une personne et de lui dire qu'elle nous fait horreur si tel est notre bon plaisir, cela ne peut absolument pas se produire sur les plans supérieurs car on n'y trouve jamais de personnes qui aient des points de vue opposés. Souvenez-vous donc que les mondes de l'astral sont comme des stations de radio aux fréquences différentes, ou encore comme une grande école aux classes différentes, chacune ayant des vibrations plus élevées que la précédente;

ainsi la classe Un représente un commun dénominateur où tout le monde se retrouve pour donner la mesure de ses capacités. Puis, tandis que les êtres accomplissent leurs devoirs — nous y reviendrons plus tard — ils s'élèvent graduellement, de classe en classe, jusqu'à ce qu'ils échappent finalement à tous les mondes de l'astral pour atteindre un niveau où il n'y a plus de renaissance ni de réincarnation, et où les êtres communiquent avec des formes spirituelles beaucoup plus élevées que les humains.

Mais vous voulez savoir ce qui se passe quand vous mourrez. Je crois vous l'avoir déjà expliqué dans mes autres livres. Vous quittez votre corps terrestre et votre forme astrale s'envole vers l'astral inférieur, où elle se remet de ses émotions et des souffrances causées par la vie et la mort sur terre. Puis au bout de quelques jours selon le calendrier terrestre, on entre dans la Salle des Souvenirs où l'on peut revoir tout son passé, ce que l'on a accompli, ce que l'on a omis de faire, et en examinant ses réussites et ses échecs on parvient à déterminer ce que l'on a encore à apprendre dans l'avenir et s'il convient de se réincarner immédiatement ou de passer cinq ou six siècles dans l'astral. Tout dépend de ce que l'on a à apprendre, et du stade d'évolution de chacun. Mais je vous ai expliqué tout cela dans mes précédents ouvrages. Je vais cependant me permettre d'évoquer un autre sujet avant de dire ce que les gens font dans le monde astral.

Une femme charmante m'a écrit pour me dire : « J'ai affreusement peur. J'ai peur de mourir seule, de n'avoir personne pour m'aider, personne pour m'indiquer la Voie que je dois suivre. Au Tibet, vous aviez les lamas, qui dirigeaient la conscience d'un agonisant. Je n'ai personne, et je suis terrifiée. »

C'est une erreur, vous savez. Personne n'est seul, personne n'a « personne ». Vous vous imaginez peut-être que vous êtes seul, et il se peut qu'il n'y ait personne auprès de votre corps terrestre, mais dans l'astral il existe des aides précieux qui veillent au chevet des mourants et, dès que la forme astrale se sépare du corps physique, les aides sont là pour la secourir, la conseiller et la guider, tout comme à l'heure de la naissance il y a des personnes secourables pour mettre au monde le nouveau-né. La mort sur la terre est une naissance dans le monde astral, et les assistants indispensables sont là pour apporter leur aide et leur secours, alors il n'y a aucune raison d'avoir peur. Rappelez-vous que lorsque le moment viendra pour vous, comme pour nous tous, de quitter cette vallée de larmes, il y a dans l'au-delà des personnes secourables qui vous attendent, qui prendront soin de vous et vous aideront tout comme sur la terre des gens sont là pour aider à la venue au monde d'un bébé.

Quand les aides prennent en charge ce corps astral qui vient d'être séparé du corps physique mort, ils lui prodiguent tous leurs soins et l'aident à s'adapter. Bien des personnes qui n'ont pas été préparées pensent qu'elles sont au paradis ou en enfer. Les aides leur expliquent alors où elles sont, les conduisent à la Salle des Souvenirs et s'occupent du nouveau venu comme on s'est occupé d'eux à leur arrivée sur terre.

Pour en revenir à l'enfer, c'est une chose qui n'existe pas, bien entendu. En réalité, Lenfer était un lieu de jugement, un petit village proche de Jérusalem situé auprès de deux immenses rochers et entre ces rochers s'étendait un marais brûlant et sulfureux aux odeurs méphitiques. En ces temps reculés, une personne accusée d'un crime était amenée à ce village et subissait les « tourments de Lenfer ». L'individu était traîné au bord du marécage, on lui récitait la liste de ses crimes, et on lui expliquait que s'il parvenait à l'autre rive sans avoir été brûlé il était innocent, mais s'il échouait et se noyait dans le marais il était coupable. Puis ses gardiens poussaient sans ménagements l'accusé, et le malheureux se précipitait dans cette turbulence de vapeurs de soufre, sur le sentier entouré de poix bouillante où la terre tremblait, frappant de terreur les plus forts, et s'il parvenait à l'autre rive il avait franchi la vallée de Lenfer et avait été lavé de toute culpabilité.

Ne croyez donc pas que vous irez en enfer. C'est impossible, car l'enfer n'existe pas. Dieu, quel que soit le nom que nous lui donnions, est un Dieu de bonté et de compassion. Personne n'est jamais condamné, personne n'a jamais à subir la damnation éternelle, il n'existe pas de diables cornus qui vous plongent leurs fourches dans les reins. Tout cela a été inventé par des prêtres fous qui cherchaient à dominer les corps et les âmes des êtres simples. Nous pouvons donc avoir confiance et être certains que si nous nous en donnons la peine nous pouvons réparer tous nos crimes, quels qu'ils aient été. Personne n'est jamais repoussé, jamais abandonné par Dieu. La plupart des gens ont peur de la mort parce qu'ils n'ont pas la conscience nette, et ces prêtres mauvais les ont terrifiés en les menaçant des flammes de l'enfer et des souffrances éternelles, de la damnation éternelle et ainsi de suite, alors les malheureux s'imaginent qu'à leur mort ils seront aussitôt saisis par des démons qui leur feront subir les pires tortures. N'en croyez rien. Je me rappelle tout, je peux voyager dans l'astral quand je le désire, et je vous affirme que l'enfer n'existe pas, que la damnation éternelle n'existe pas, on peut toujours compter sur la rédemption, on a toujours une autre chance, il y a toujours la miséricorde, la compassion, la compréhension. Ceux qui prétendent que l'enfer et ses souffrances existent sont des fous, des sadiques ou je ne sais quoi, et ils ne méritent même pas que l'on parle d'eux.

Nous craignons de mourir pour cette raison et aussi pour une autre : nous avons peur parce que cette peur a été implantée en nous. Si les gens se rappelaient les merveilles du monde astral, ils voudraient s'y rendre en foule, ils refuseraient de rester plus longtemps sur cette terre, ils se suicideraient tous et pourtant le suicide est une chose abominable. C'est un crime, non contre les autres mais contre soi-même, parce que c'est un constat d'échec. Envisagez la chose ainsi : si vous faites des études pour devenir avocat ou médecin, vous devez travailler, passer des examens, suivre des cours, mais si vous perdez courage et abandonnez tout, vous ne deviendrez ni avocat ni médecin, et si jamais vous changez d'idée, il vous faudra recommencer vos études de zéro, et vous risquez de vous apercevoir alors que tout a changé, que les manuels et les livres de cours ne sont plus les mêmes, que ce que vous avez déjà appris ne vous sert à rien. C'est exactement ce qui se passe si l'on se suicide. On doit se réincarner, comme on redouble une classe, tout réapprendre depuis le début, ce qui fait que l'on a perdu une vie entière. Alors ne vous suicidez pas, jamais, jamais, cela n'en vaut vraiment pas la peine.

Tout cela nous a bien éloignés de l'existence des êtres dans l'astral. Tout dépend du degré d'évolution de la personne, et aussi de ce à quoi elle veut se préparer. Les différents mondes de l'astral sont merveilleux, il y a d'admirables paysages avec des couleurs impossibles à imaginer sur cette terre, il y a de la musique inimaginable aussi, il y a des maisons mais chacun peut construire la sienne à sa guise par la pensée. Vous y pensez, et si vous pensez assez fortement la maison est là. De même, lorsque vous arrivez dans l'astral vous êtes complètement nu, comme au jour de votre naissance sur terre, et vous pensez aux vêtements que vous allez porter ; ce n'est pas obligatoire mais la plupart le font pour une raison ou une autre, et l'on peut voir la plus extraordinaire collection de vêtements qui soit, parce que chacun choisit son style, en y pensant simplement. Il n'y a pas d'automobiles, bien sûr, ni d'autobus ni de trains, on n'en a pas besoin. Pourquoi s'encombrer d'une voiture quand on peut se déplacer aussi vite qu'on le désire par la seule pensée ? Ainsi, par la force de la volonté, on peut visiter toutes les parties du monde astral.

Dans l'astral on peut se livrer à toutes sortes de

travaux. On peut devenir un aide, à la disposition des êtres qui arrivent à tout instant de la terre, on peut soigner, on peut guérir, parce que de nombreux arrivants n'ont pas conscience de la réalité de l'astral et croient ce que leur religion leur a enseigné. Ou s'ils sont athées, ils ne croient à rien, et ils sont enveloppés de noir, d'un épais brouillard noir poisseux, qui leur colle à l'âme et les déroute; tant qu'ils n'auront pas compris, ils resteront aveuglés par leur folie et pourront difficilement être aidés, alors les assistants les suivent, en essayant de percer le brouillard. Et puis, il y a ceux qui donnent des conseils aux êtres de l'astral désireux de retourner sur terre, ou qui y sont obligés. Où veulent-ils aller, que veulent-ils faire, quels parents désirent-ils, quel genre de famille, riche ou pauvre, etc. Sont-ils capables d'accomplir les tâches qu'ils projettent? Dans le monde astral tout paraît facile, mais il n'en va pas de même sur la terre, comme chacun sait.

Dans l'astral inférieur, les gens peuvent manger et même fumer si cela leur fait plaisir! Tous les aliments qu'ils désirent sont tirés de l'atmosphère par la pensée. On peut donc manger ce que l'on veut, boire aussi ce que l'on désire, mais à vrai dire c'est parfaitement inutile parce qu'on tire toute son énergie et toute sa subsistance des radiations atmosphériques et la nourriture n'est plus qu'une habitude que l'on abandonne vite et l'on ne s'en porte pas plus mal, bien au contraire. Comme vous pouvez le constater, la vie sur le plan astral inférieur ne diffère guère de celle de la terre.

Oui, Madame Une telle, la vie sexuelle existe aussi dans l'astral, mais elle dépasse tout ce que vous pouvez imaginer parce que la gamme de vos sensations sera beaucoup plus étendue. Donc, si vous n'avez pas eu sur la terre une vie sexuelle satisfaisante, dites-vous bien que dans l'astral elle sera parfaite, car elle est indispensable à l'équilibre de l'être.

Naturellement, plus on s'élève dans les mondes astraux, plus on augmente ses vibrations personnelles, et plus l'existence devient agréable.

Beaucoup de gens, sur terre, font partie d'un groupe. Imaginons par exemple (par exemple seulement) que dix personnes réunies complètent à la perfection une entité astrale. Sur la terre, nous avons ces dix personnes et trois, quatre, cinq ou six meurent; eh bien, la personne qui se trouve dans l'astral n'est pas complète tant que le groupe tout entier n'est pas réuni. C'est très difficile d'expliquer pareille chose car elle implique des dimensions différentes complètement ignorées sur terre. Il vous est certainement arrivé de vous découvrir des affinités remarquables avec une certaine personne, vous vous êtes peut-être étonné de cette entente extraordinaire et vous avez éprouvé une sensation de perte au départ de cette personne. Il est fort possible que cette personne était un membre de votre groupe, et quand vous mourrez sur cette terre vous serez réunis, elle et vous, sous forme d'une seule entité. Sur la terre, tous ces gens sont comme des tentacules cherchant à connaître différentes sensations, différentes expériences durant ce clin d'œil de la conscience que représente une vie terrestre. Cependant, quand tous les membres de ce groupe, quand tous les tentacules sont réunis chacun a en fait vécu dix existences en une. Il faut venir sur la terre pour apprendre les choses matérielles, car elles n'existent pas dans le monde astral.

Tout le monde ne fait pas partie d'un groupe, vous savez, mais vous connaissez certainement des groupes de personnes qui sont incapables de se passer les unes des autres. Il peut s'agir d'une famille nombreuse, très unie, dont tous les membres vont et viennent pour savoir comment vont les autres, et même quand ils se marient il leur arrive d'abandonner leur conjoint pour revenir au bercail! D'autres sont individualistes et n'appartiennent sur terre à aucun groupe; ceux-là sont venus pour accomplir seuls certaines missions et ils s'élèvent ou tombent sur terre selon leurs propres efforts. Il arrive que ceux-là soient très malheureux, mais cela ne signifie pas qu'ils aient à payer d'immenses dettes kharmiques, cela veut simplement dire qu'ils souffrent pour mener certains travaux à bien et mériter une bonne kharma pour quelques-unes des vies futures.

Certaines personnes très expérimentées peuvent dire ce que d'autres ont fait dans leurs vies antérieures, mais surtout ne croyez jamais les annonces publicitaires qui vous promettent, pour une somme d'argent modique, de vous révéler vos précédentes incarnations. Ne les croyez pas un instant car la plupart de ceux qui prétendent posséder ce pouvoir ne sont que des fumistes. Le fait même qu'ils réclament de l'argent les trahit, car la personne réellement expérimentée s'interdit d'accepter de l'argent pour ces révélations occultes puisque l'argent abaisse les vibrations personnelles. Il y a encore tous ces cultes bizarres qui promettent de vous enseigner les Mystères du

Passé à condition que vous vous engagiez à payer telle ou telle somme mensuelle jusqu'à la fin de votre vie. Certains de ceux-là ne sont que des entreprises commerciales par correspondance qui veulent votre argent, et qui pourront peut-être vous rendre service... en vous apprenant à ne pas croire aveuglément n'importe quelle publicité! Mais mon point de vue est le suivant : si quelqu'un publie une annonce et vous promet monts et merveilles pour une somme modique, méfiez-vous! Si ces gens-là avaient de tels pouvoirs ils n'auraient pas besoin de vos deniers. J'aimerais vraiment qu'il existât un moyen d'interdire ce genre de publicité. Cela dit, il existe un grand nombre de personnes sincères, qui possèdent réellement certains pouvoirs, mais celles-là font rarement de la publicité. Rappelez-vous aussi, quand on vous promettra d'aller pour vous dans l'astral consulter vos archives des vies antérieures, que vous êtes incapable de savoir si ce qu'on vous raconte est vrai ou faux. Le mieux est donc de s'abstenir de consulter tous ces charlatans, et de méditer, car lorsque l'on médite on peut obtenir les résultats que l'on désire. Vous vous connaissez vous-même mieux que quiconque, et certainement mieux qu'un inconnu qui vous réclame quelques dollars pour vous dire qui vous êtes. Le plus souvent, vous recevez en échange de votre obole une feuille ronéotypée, portant la mention alléchante « Strictement personnel ».

Voici un extrait d'une autre lettre : « Je viens de perdre mon fidèle ami. Mon petit chien est mort, j'ai le cœur brisé et je me pose des questions. Le curé de ma paroisse me dit que je commets un péché en croyant que les animaux ont une âme, il me dit que seuls les humains en ont une et, si j'ai bien compris, plus particulièrement ceux de notre Église. Pouvez-vous me laisser espérer que je retrouverai dans une autre vie mon cher petit compagnon ? »

Certains prêtres sont vraiment des imbéciles, il n'y a pas d'autre mot. Ils sont d'une ignorance qui me stupéfie. Prenons par exemple les chrétiens, qui se font presque, et parfois vraiment, la guerre pour savoir quelle secte est la vraie, qui prêchent le christianisme et ne font pas preuve de charité chrétienne envers les chrétiens d'une autre secte. Si l'on considère les protestants et les catholiques on a l'impression, à les voir agir, qu'ils ont tous acheté des places de ring au paradis! Les catholiques estiment que les protestants sont maudits, et les protestants sont persuadés que les catholiques sont des suppôts de Satan. Mais là n'est pas la question...

Durant des siècles, des prêtres stupides ont enseigné que l'Homme est l'être le plus évolué, que rien n'existe au-dessus de l'humanité et que seuls les humains ont une âme... à condition qu'ils appartiennent à telle ou telle religion!

Je réponds donc à cette lettre en affirmant, avec une certitude absolue, que les animaux aussi vont dans le monde astral, que les animaux ont les mêmes opportunités que les hommes. Oui, madame, vous reverrez vos chers compagnons, non seulement quand vous mourrez et quitterez cette terre mais dès maintenant, si vous voyagez dans l'astral et visitez la zone où se trouvent les animaux.

Seul un imbécile, un crétin fini, un ignorant tel qu'un prêtre d'une religion décadente et révolue peut imaginer que l'homme, et l'homme seul, possède une âme. Songez à ceci : les soucoupes volantes sont réelles. Il y a d'autres peuples dans l'espace, des êtres si hautement évolués, si intelligents que les humains intelligents ne sont à côté d'eux que des mannequins de cire ou de plastique comme on en voit dans les vitrines.

Une des raisons pour lesquelles toutes les religions nient en bloc l'existence des soucoupes volantes, c'est que leur présence seule suffit à démontrer que l'homme n'est pas la forme la plus évoluée. Si les prêtres ont raison, et si l'homme est la créature la plus évoluée, que sont donc ces peuples de l'espace ? Ce sont des êtres très réels, intelligents, et certains sont très spirituels. Ils ont une âme, ils vont aussi dans les mondes de l'astral, tout comme les humains, tout comme les animaux, les chats, les chiens, les chevaux, etc.

En toute connaissance de cause, après avoir voyagé dans l'astral comme vous vous déplacez en ville, je puis vous affirmer ceci : oui, mon amie, votre petit compagnon vit sur une autre sphère, il est en bonne santé et peut-être plus beau encore que sur terre, peut-être même lui manquez-vous, mais il sait maintenant que vous vous retrouverez car, comme pour les humains, si vous aimez réellement votre petit chien et s'il vous aime sincèrement, vous serez certainement réunis.

Laissez-moi vous dire que Mme Fifi Moustache Grise, mon amie bien-aimée, a quitté cette terre il y a quelques années et je puis lui rendre visite dans l'astral. Miss Ku'ei a aussi quitté ce monde où elle a été la victime d'une persécution de la presse. Miss Ku'ei était malade et ces journalistes stupides ont envahi la maison en faisant grand bruit, ils lui ont fait peur et... eh bien, elle m'a quitté. Je l'ai pleurée, j'étais triste pour moi, triste de ne plus pouvoir la prendre dans mes bras, mais heureux qu'elle fût délivrée des misères et des tristesses de ce monde dont nous avions souffert ensemble. Je vous répète que je lui rends visite dans l'astral, et je suis bien placé pour vous affirmer que les prêtres se trompent, que l'humanité n'est pas le sommet de l'évolution spirituelle. Certains animaux sont bien plus spirituels que l'Homme!

Pour conclure ce chapitre, je répète encore une fois, pour tous ceux qui pleurent ces petits compagnons fidèles qui font notre joie sur terre et qui sont partis dans l'au-delà, qu'il ne faut plus se désespérer, car s'ils ont aimé cette bête et si elle les a aimés, ils seront réunis au-delà des confins de cette terre, tout comme je retrouve souvent dans l'astral Mme Fifi et Miss Ku'ei, tout comme je le serai définitivement lorsque, peut-être bientôt, cette vie terrestre prendra fin pour moi, que cessera la persécution de la presse et l'hostilité des ignorants, quand cesseront les douleurs et les souffrances causées par une longue maladie.

2

Le vieil homme changea péniblement de position, dans son inconfortable fauteuil roulant.

— Pas de ressorts, marmonna-t-il. Même un landau de bébé a des ressorts, et pourtant ceux qui sont malades sont contraints de se déplacer tant bien que mal, sur un siège aussi inconfortable qu'un tombereau de ferme.

La journée n'avait pas été gaie, et elle était loin d'être finie. Des lettres, encore des lettres, toujours des lettres, qui ne faisaient que *réclamer*. « Vous êtes mon père et ma mère, disait le correspondant d'Afrique. Je vous aime autant que ma petite amie préférée. Maintenant je veux venir vous le dire de vive voix. Voulez-vous m'envoyer un billet d'avion aller et retour ? Et en même temps un autre billet pour que je puisse aller voir ma sœur qui habite Los Angeles. Je les attends par retour du courrier et j'embrasse la terre où vous marchez. »

Le vieil homme soupira et repoussa la lettre :

— Il me prend pour un milliardaire, tu ne crois pas ? dit-il à la Petite Fille Chatte qui ronronnait près de lui.

La vieille Maggie était sortie une fois de plus de

son hôpital psychiatrique et avait repris son tir de barrage de lettres d'amour. La vieille Maggie! La femme qui était venue jusque dans ce petit port canadien et avait raconté à tout le monde qu'elle était employée par le vieil homme! Elle s'était installée à l'hôtel et quand on lui avait présenté la note de cent soixante-huit dollars, elle avait envoyé le gérant se faire régler par le vieux monsieur, qui n'avait pas la moindre intention de payer. « Je n'ai jamais vu cette femme, dit-il au gérant affolé. Elle me bombarde de lettres que je déchire. Je ne l'emploie pas, je ne la connais pas, je ne lui dois rien. » Sur quoi la vieille Maggie avait reconnu en souriant qu'elle venait de sortir d'un asile de fous, et on l'y reconduisit dare-dare.

La lettre de Mme Horsehed était bien ennuyeuse aussi. Vingt-deux pages! Et rien que des questions. Il faudrait un livre entier pour y répondre, ce livre-ci. Mme Horsehed! La malheureuse, à qui il fallait expliquer les choses en mots d'une syllabe et qui s'arrangeait quand même pour lire le contraire de ce qu'on voulait lui dire!

Oui, le vieil homme était las. La journée avait été longue, et les lettres aussi, plus encore même. Au-dehors une lourde brume d'été salissait les vitres, et cachait les bâtiments du port. Là-bas, dans le brouillard, un navire mugit désespérément, comme s'il ne pouvait se résoudre à entrer dans ce havre moribond où l'eau empestait et transportait les détritus et la pollution de l'usine de papier voisine. Le vieil homme soupira derechef et se remit à signer ses lettres; il y en avait quarante-trois.

La Petite Fille Chatte se leva, fit le gros dos et bâilla avant d'aller boire son thé. La Plus Petite Fille Chatte était encore couchée dans son panier, se remettant d'un refroidissement provoqué par l'humidité de ces journées d'été. Le fauteuil roulant gémit sous le poids du vieux monsieur quand il alla allumer.

— De la lumière, grommela-t-il. On a besoin d'allumer les lampes à 5 heures de l'après-midi en plein été!

Les années pesaient sur ses frêles épaules, des années de souffrance, des années de chagrin, rendues plus accablantes encore par l'assaut de journalistes couards qui n'imprimaient que des mensonges — étant étrangers à la Vérité — et qui n'osaient jamais lui permettre de donner des démentis dans leurs colonnes. Des lâches, méprisables, qui ne vivaient qu'en flattant les plus bas instincts de leurs lecteurs, et qui abaissaient la culture au lieu de la défendre.

La triste soirée s'éternisa. De pâles halos révélaient que dans la brume les réverbères étaient allumés, et de faibles lueurs, comme des vers luisants, se traînaient par les rues tandis que les travailleurs rentraient chez eux en voiture.

Enfin, il fut assez tard pour se coucher. Le vieil homme fit rouler son fauteuil jusque vers le lit au matelas dur, et s'y hissa péniblement. Avec un soupir de contentement, il s'allongea en pensant : « Maintenant, je suis libre. Libre d'errer à mon gré dans le monde entier, en voyageant dans l'astral. »

Pendant quelques instants il se reposa, perdu dans ses pensées, puis ayant décidé de son itinéraire de la nuit, il se relaxa pour les stages préliminaires.

Bientôt, il sentit le tiraillement familier, un peu

comme le sursaut d'une personne surprise ou effrayée, et grâce à ce tiraillement le corps astral se libéra du corps physique pour s'élever dans les airs, de plus en plus haut.

La brume noyait le port. Quelques kilomètres plus loin, elle se dissipa. L'aéroport brillait de mille lumières et des avions atterrissaient. Là-bas, dans la baie de Fundy, un immense pétrolier au mouillage se balançait légèrement. A bord du navire, des hommes jouaient aux cartes, avec des piles d'argent devant eux. Ils avaient l'air assez heureux, encore qu'impatients d'aller à terre pour rechercher les distractions qu'aurait à leur offrir ce petit port misérable. Mais quelles sortes de distractions un marin désire-t-il? On peut se les procurer dans le plus pauvre des ports, et plus le port est pauvre plus ce genre de distraction est bon marché, bien que d'une certaine manière la plus coûteuse qui fût!

Le vieil homme, qui n'était plus vieux du tout à présent qu'il n'était plus encombré d'un corps malade et d'un fauteuil roulant, survola la baie de Fundy. Il s'arrêta un moment au-dessus de la petite ville de Digby nichée entre des collines, un village pittoresque qui mériterait une visite corporelle car dans l'astral les couleurs sont différentes. C'est un peu comme si l'on ôtait des lunettes fumées et que l'on voyait les choses telles qu'elles sont.

De Digby, il alla jusqu'à Yarmouth, pour contempler le petit port aux rues étroites et aux maisons serrées les unes contre les autres. Se rappelant qu'une folle habitait là il poussa plus loin, toujours plus loin, vers Halifax.

Le paysage nocturne se brouilla, tant il volait vite. Il aperçut bientôt les lumières de Halifax, cette ville hostile, horrible, qui ne lui avait laissé que de mauvais souvenirs. Il songea un instant à cette vieille imbécile de l'aéroport qui avait proclamé à sa vue qu'elle était bonne catholique et qu'on ne voulait pas de païens à Halifax! Mais tout cela était loin, loin dans le passé. Aujourd'hui, c'était aujourd'hui et demain... Encore quelques kilomètres et ce serait demain. Alors un petit tour au-dessus de Halifax, pour survoler les grands bâtiments de Paragon, la base navale et le bassin Bedford avec son collier de lumières scintillantes aux flancs des collines. Les lumières des riches, de ceux qui pouvaient acheter ou commander ce qu'ils voulaient, ceux qui pouvaient se faire soigner sans songer au prix, alors que le vieil homme, malade, devait souffrir dans ce jeune Canada grouillant et vivace, parce qu'il n'avait pas les moyens de payer des médecins et des médicaments.

Pensant à tout cela il s'éleva de plus en plus haut, si haut qu'il aperçut le soleil au loin et fila au-dessus de l'Atlantique. Il croisa un satellite scintillant aux rayons du soleil. Mais le vieil homme n'avait que faire des satellites; ils étaient trop communs, trop courants.

Prenant de la vitesse, il dépassa un appareil d'Air Canada qui franchissait l'océan, à destination de... Shannon? Heathrow? Orly, peut-être? Les voyages dans l'astral présentent bien des avantages. L'avion fut dépassé, et il accorda à peine un regard aux hublots par lesquels on voyait les passagers de la classe touriste, assis à trois de front; certains dormaient la bouche ouverte, une femme ronflait sans s'apercevoir que sa jupe était remontée sur ses cuisses et attirait le regard intéressé de son jeune voisin.

Dans la cabine de pilotage le commandant de vol fumait sa pipe, l'air absent, aussi placide qu'une vache dans un pré. Le copilote avait l'air de s'ennuyer à périr. Et le navigateur assis derrière eux se tenait la tête dans les mains comme s'il ne supportait plus la vie.

Le vieil homme les distança, laissant derrière lui l'avion qui se traînait dans le ciel à mille ou onze cents kilomètres à l'heure. Et bientôt, au-dessus de la courbe de l'horizon, apparurent les lumières de Londres et le phare tournant de l'aéroport.

Il était 2 h du matin, il faisait beau et les rues étaient loin d'être désertes. Des équipes de travailleurs affairés balayaient les rues, ramassaient les ordures, et sur certains trottoirs de petites barrières surmontées de drapeaux rouges empêchaient les passants de tomber dans les bouches d'égout ouvertes. Les égoutiers faisaient leur inspection nocturne et quotidienne, dans les entrailles de la ville, tandis que Londres dormait.

Le vieil homme s'aperçut avec surprise que Londres avait bien changé. Un gratte-ciel ! Et puis il se souvint. Bien sûr, c'était la tour de l'Hôtel des Postes, la plus haute d'Angleterre. Il la contourna, pour l'examiner avec intérêt, et vit par les fenêtres des employés qui semblaient tuer le temps. Il n'y avait guère de travail, à cette heure.

Le vieil homme s'éloigna vers la gare de Victoria, où un train venait d'arriver. Les passagers fatigués rassemblaient leurs bagages, s'étiraient, tandis que les taxis en station démarraient.

Soudain, le vieil homme aperçut un immense immeuble tout neuf, dont les fenêtres surplombaient les jardins de Buckingham Palace! « Quel mauvais goût, pensa-t-il, quel atroce mauvais goût! Ces promoteurs ne reculent devant rien et osent empiéter sur la vie privée de la famille royale, qui a tant fait pour l'Angleterre, contre vents et marées, alors qu'une presse ignoble s'acharne à l'attaquer! » Cependant, les autobus rouges à impériale filaient dans les rues, transportant des travailleurs nocturnes à leur travail ou à leur foyer.

Peut-être faudrait-il à présent mettre fin à cette petite promenade anglaise, il y a encore tant de choses à voir. Mais avant de partir, allons jeter un coup d'œil à Fleet Street, au quartier des grands journaux, et lisons les manchettes des quotidiens du matin. On dit ici que la presse anglaise est dans une mauvaise passe mais qu'il est impossible d'augmenter le prix des journaux. Six *pence!* Beaucoup d'argent pour du papier qui sert à envelopper du haddock ou des frites! « A mon avis, songea le vieil homme, tous les journaux réunis ne valent pas un sou et plus vite ils seront en faillite mieux cela vaudra, car ils ne servent qu'à fomenter la guerre entre les gens et entre les nations. Personne ne pourra jamais me dire sincèrement que la presse a du bon! »

Sur ce, le vieil homme changea de cap, et dans son vol astral il franchit rapidement l'Atlantique et se retrouva bientôt en Uruguay, au-dessus du rio de la Plata.

Ici, à Montevideo, il n'était encore que minuit, et les rues demeuraient animées. Une manifestation était en cours. Des étudiants se battaient et au moment même où le vieil homme arrivait et descendait vers les toits, un jeune homme lança un pavé sur le cadran de l'horloge dressée près d'un arrêt d'autobus.

Au coin de la rue, un peloton d'agents de police en uniforme gris, armés de bâtons, la casquette de travers et les bras écartés, arrêtaient tous les manifestants passant à leur portée. Le vieil homme s'éleva dans les airs en songeant à ce qu'aurait pu être l'avenir de l'Uruguay. Cela aurait pu devenir un pays merveilleux, le jardin de l'Amérique du Sud, fournissant des fruits exotiques au monde entier. Cela aurait pu être la Suisse de l'Amérique, mais les Uruguayens n'étaient pas à la hauteur de leur tâche, tout comme un homme qui n'a jamais été malade et qui, par conséquent, n'étant pas immunisé, devient la victime du premier microbe qui passe. L'Uruguay, qui n'avait jamais souffert, s'était effondré dès que les premiers orages avaient troublé son calme apparent.

Le vieil homme se souvint d'un de ses précédents voyages dans l'astral, quand il était allé consulter le Dossier Akashique des probabilités et qu'il avait appris ce qu'aurait pu être l'avenir de l'Uruguay. L'intérieur du pays est aride parce que les habitants ont abattu tous les arbres, et les terres sont devenues stériles, presque désertiques, sans eau, sans végétation, desséchées et poussiéreuses, à la merci d'un souffle de vent. Le Dossier Akashique des probabilités indiquait que les Uruguayens auraient dû lancer un emprunt et, grâce à des explosions atomiques soigneusement contrôlées, creuser un grand bassin dans le centre du pays, d'environ cinquante kilomètres sur soixante-dix. Les sources profondes l'auraient rempli, car l'eau est là, sous la surface. Et ce vaste lac aurait alors apporté la vie aux terres brûlées. Des arbres auraient été plantés sur son pourtour, qui auraient fourni une nouvelle atmosphère à la zone dévitalisée. Bientôt, le pays se serait couvert de prairies luxuriantes, de vergers abondants et alors l'Uruguay aurait été le jardin de l'Amérique du Sud.

Le Dossier Akashique indiquait qu'il y aurait eu un canal allant du centre du pays jusqu'à Maldonado où la mer est très profonde et où la côte forme une admirable baie, un havre naturel. Ainsi, le port principal du pays serait devenu Maldonado, pour remplacer celui de Montevideo qui s'enlise lentement par suite du mouvement des sables qui envahissent le rio de la Plata.

Le vieil homme volant dans le ciel songeait à tout cela en hochant tristement la tête, navré que les Uruguayens n'aient pas compris ni deviné ces probabilités qui auraient fait leur richesse et leur grandeur. Allant plus loin, le Dossier Akashique prévoyait que plus tard l'Australie, impressionnée par ces grands travaux si bénéfiques, les aurait copiés, au cœur du continent désertique, où le soleil brûlant transforme tout en fournaise. Mais il n'était pas trop tard pour l'Australie.

Le vieil homme avait assez vu l'Uruguay. Il agita la main, s'éleva de plus en plus haut et vola à la vitesse de la pensée, par-delà les pays et les océans vers une autre destination.

★

« J'aimerais que vous nous parliez encore des voyages dans l'astral, que vous nous expliquiez comment nous pouvons y aller. Vous l'avez déjà fait dans *Les Secrets de l'Aura* et dans bien d'autres livres, mais nous aimerions en savoir davantage. Dites-nous encore comment nous pouvons quitter notre corps pour aller dans l'astral. »

Ainsi vont les lettres, les demandes, les prières. « Parlez-nous des voyages dans l'astral. »

A vrai dire, voyager dans l'astral est la chose du monde la plus simple et il est surprenant que tout le monde ne puisse le faire. Nous devons cependant nous rappeler que la marche est aussi fort simple ; nous pouvons marcher droit devant nous, ou suivre un sentier tortueux, sans réfléchir à ce que nous faisons. C'est tout à fait naturel pour nous. Mais si vous avez été longtemps malade, alité pendant des mois, il arrive que vous ayez oublié comment marcher et il faut tout réapprendre.

Il en va de même pour les voyages dans l'astral. Tout le monde l'a déjà fait, mais a oublié comment s'y prendre. Comment enseigne-t-on à marcher ? Comment apprend-on la façon de respirer à une personne qui a passé des mois dans un poumon d'acier ? Comment apprendre à voyager dans l'astral ? En répétant inlassablement le processus, la marche à suivre.

Imaginons une éponge, une grosse éponge de bain tout à fait ordinaire, que nous appellerons le corps.

Supposons que nous remplissions les trous de cette éponge avec un gaz qui ne se disperse pas, mais forme en quelque sorte un nuage compact. Ce gaz représentera l'astral. Il se trouve maintenant dans l'éponge, et nous avons donc une entité à l'intérieur d'une autre. L'éponge représentant le corps, et le gaz remplissant ses trous l'astral, si nous secouons l'éponge nous pouvons déloger le nuage de gaz. De même, quand notre corps sursaute, dans certaines conditions contrôlées, le corps astral se libère et en sort.

Le meilleur moyen de se préparer au voyage astral est d'y réfléchir longuement. Il faut y penser très sérieusement, en le considérant sous tous ses aspects, parce que ce que l'on pense aujourd'hui on le pensera demain, et ce que l'on pense à faire aujourd'hui peut devenir réalité demain. Demandez-vous pourquoi vous voulez voyager dans l'astral. Posez-vous franchement la question. Quel est votre but? S'agit-il d'une simple curiosité? Désirez-vous espionner les autres à leur insu, vous envoler dans la nuit et jeter un coup d'œil dans leurs chambres à coucher? Si telle est votre intention, mieux vaut que vous ne parveniez jamais à libérer votre corps astral. Vous devez vous assurer que vos mobiles sont justes et bons avant d'essayer de voyager ainsi.

Une fois que vous serez sûrs que vos mobiles peuvent subir l'inspection la plus stricte, préparez-vous au degré suivant. Couchez-vous, seul, en prenant soin de ne pas être fatigué, en vous assurant que vous pourrez rester éveillé. Tout le monde peut voyager dans l'astral, mais la plupart des gens qui n'y sont pas entraînés s'endorment trop tôt, ce qui gâche tout! Alors couchez-vous avant d'être fatigué, installez-vous aussi confortablement que possible dans votre lit et puis PENSEZ très fortement que vous sortez de votre corps. Détendez-vous, détendez-vous complètement. Avez-vous une crampe dans le gros orteil? Votre oreille vous démange-t-elle? Sentez-vous une douleur au creux des reins? Tous ces ennuis vous révéleront que vous n'êtes pas complètement détendu. Vous devez vous relaxer, tout comme un chat endormi se relaxe. Enfin, une fois que vous serez tout à fait certain d'être parfaitement détendu, imaginez que « quelque chose » sort de votre corps. Imaginez que vous êtes le gaz s'échappant de l'éponge. Vous éprouverez peut-être de légers picotements, vous entendrez peut-être de petits grincements ou des craquements, à moins que vous n'ayez des « fourmis » dans la nuque. Parfait! Cela signifie que vous vous libérez. A ce moment, il ne faut surtout pas bouger. Il est indispensable de ne pas avoir peur, vous ne devez éprouver aucune crainte parce que la panique ou la peur vous ramèneront brutalement dans votre corps et cela vous terrifiera, et vous empêchera aussi de voyager consciemment dans l'astral avant plusieurs mois.

Le voyage astral est normal et ne présente absolument aucun risque. Personne ne peut s'emparer de votre corps, personne ne peut vous faire de mal. Le pire qui puisse vous arriver c'est que la peur que vous ressentez soit sentie, ou vue, par des entités malicieuses de l'astral qui se feront une joie de vous effrayer davantage. Ces entités ne peuvent vous faire aucun mal, mais cela les amuse énormément de vous causer une frayeur qui vous fera fuir rapidement vers votre corps physique.

Point n'est besoin de connaître de secrets pour voyager dans l'astral, il suffit d'avoir confiance. Il suffit de se dire avec fermeté que l'on va voyager avec son corps astral en restant tout à fait éveillé. Et le meilleur moyen d'y parvenir est d'imaginer que l'on voyage déjà, que l'on a quitté son corps. Imaginez-vous, « voyez-vous », sortir lentement de votre corps matériel et flotter à quelques centimètres de ce corps immobile. Pensez-y fortement, imaginez-vous que vous êtes en l'air, et tôt ou tard ce sera vrai. Vous serez soudain stupéfait de constater que vous flottez vraiment, et que vous contemplez au-dessous de vous un corps de chair à la bouche ouverte, endormi peut-être et ronflant, parce que, une fois que vous êtes sorti, peu importe que le corps terrestre s'endorme; car si vous êtes sorti alors que le corps était encore bien éveillé vous pourrez vous rappeler les moindres détails de votre voyage.

Voici ce que vous devez imaginer : vous vous reposez sur votre lit, complètement détendu, dans la position qui vous convient le mieux à condition qu'elle soit confortable et relaxante. Puis vous pensez à vous-même, en train de quitter lentement l'enveloppe de chair pour vous élever peu à peu et flotter à quelques centimètres, ou à quelques mètres du corps terrestre. N'ayez pas peur si vous vous sentez un peu ballotté car IL NE PEUT VOUS ARRIVER AUCUN MAL. Vous ne pouvez pas tomber. Quand vous êtes arrivé à ce stade, reposez-vous un peu. Ne bougez pas, ne craignez rien, n'ayez pas non plus l'impression d'avoir remporté une victoire, reposez-vous paisiblement pendant quelques instants. Ensuite, si vous pensez être capable de supporter le choc, et selon le corps que vous avez habité, regardez en bas, contemplez l'enveloppe que vous venez de quitter. Elle vous paraîtra certainement grossière, lourde, comme un amas de matière. Alors, n'êtes-vous pas satisfait de l'avoir quittée ?

Maintenant, dites-vous que vous pouvez contempler le monde extérieur. Faites appel à votre volonté, pensez que vous voulez vous élever, monter vers le plafond et traverser le toit. Non! Vous ne sentirez rien, vous ne serez pas blessé ni secoué. Pensez simplement que vous flottez, que vous volez.

Quand vous aurez traversé le toit, arrêtez-vous, à cinq ou six mètres au-dessus, et regardez autour de vous. Il est facile de vous arrêter en pensant simplement que vous vous immobilisez. Regardez autour de vous, contemplez votre quartier comme vous ne l'avez jamais vu, habituez-vous à être libéré de votre corps. Habituez-vous à vous déplacer aisément. Essayez de voler autour du pâté de maisons. C'est facile! Il vous suffit de vous donner un but, il vous suffit de vous dire à quelle vitesse vous voulez vous déplacer, lentement, comme porté par la brise, ou rapidement, à la vitesse de la pensée.

Bien des gens m'écrivent pour me dire qu'ils ont tout essayé mais que, pour une raison qu'ils ne s'expliquent pas, ils ne parviennent pas à voyager dans l'astral. Une personne m'écrit : « J'ai ressenti un bizarre picotement sur la nuque, j'ai cru que j'étais attaqué et j'ai eu peur. » Une autre affirme : « J'avais l'impression d'être paralysé sur mon lit, et je voyais comme une espèce de long tunnel rouge avec de la lumière au bout, quelque chose que je ne puis décrire. » Et une troisième : « C'est affreux! Je suis tombée hors de mon corps et j'ai eu si peur que j'y suis vite retournée! »

Dites-vous bien que ce sont des symptômes courants, parfaitement normaux. Chacun de ces symptômes peut se produire quand on sort consciemment pour la première fois. Ce sont de bons signes. Cela signifie que l'on est capable de voyager consciemment dans l'astral, que l'on a en quelque sorte la main sur le bouton de porte, et que la porte commence à s'entrouvrir. Mais si l'on prend peur, sur le seuil même de cette merveilleuse aventure, on est aussitôt renvoyé dans cette triste enveloppe d'argile.

C'est la peur seule qui peut provoquer des difficultés. Tout le reste peut être facilement surmonté, tandis que la peur... Eh bien, si vous êtes incapable de maîtriser votre peur de l'inconnu, que peut-on faire pour vous? Vous devez vous aider vous-même, faire des efforts. Il n'est pas question de glisser une pièce dans un distributeur et de recevoir une trousse complète de voyage astral, vous savez.

Alors soyons précis. Quand vous éprouvez un picotement, cela signifie que votre corps astral se libère du corps physique et que cela provoque une certaine irritation, parce que les deux corps ne sont pas encore habitués à se séparer l'un de l'autre.

Je me permets ici une petite digression. En écrivant ce chapitre consacré au voyage dans l'astral, j'ai dû y penser avec trop d'intensité car soudain je me suis retrouvé dehors, flottant au-dessus de cette maison. Ma domestique revenait de faire le marché. Je l'ai vu entrer, et prêter un instant l'oreille à la porte de mon bureau pour savoir si je travaillais, puis elle est passée dans une autre pièce. Je me suis dit aussitôt que je manquais à toutes mes obligations. Je me suis hâté de réintégrer mon corps pour reprendre mon travail. Cet incident vous démontre que lorsque l'on a pris l'habitude de voyager dans l'astral il n'est pas plus difficile de sortir de son corps que de quitter une pièce en ouvrant la porte. Cela demande même beaucoup moins d'effort.

Quand une personne allongée, qui tente un voyage dans l'astral, se sent soudain paralysée, c'est un signe parfaitement normal et il n'y a pas à s'inquiéter. Cela signifie simplement que la séparation des deux corps empêche tout mouvement dans le corps physique. Il est d'ailleurs faux de parler de paralysie car il s'agit tout bonnement d'un désir de ne pas bouger. Quant à l'impression de regarder dans le fond d'un tunnel, rouge, noir ou gris ou de n'importe quelle couleur, c'est aussi bon signe, cela veut dire que l'on sort de soi.

Le seul risque que l'on puisse courir est la peur d'avoir peur, car toutes ces choses sont d'une parfaite simplicité, normales et ordinaires. Elles n'ont rien d'insolite. La panique est à redouter, cependant, car elle vous contraint à replonger brusquement dans votre corps physique et si vous vous « recevez » mal, vous souffrirez de migraine pendant toute la journée et il faudra une bonne nuit de sommeil pour permettre à l'astral de se reloger comme il faut dans le physique.

Il arrive parfois qu'après être sorti de son corps on ressente une impression de roulis ou de tangage. C'est normal. Cela veut simplement dire que l'on n'a pas encore pris l'habitude de contrôler son corps astral. Imaginez une personne qui apprend à conduire une voiture. On monte dans l'engin, on démarre et on donne un coup de volant trop brusque, alors on essaye de rectifier la manœuvre en tournant de l'autre côté, et on va trop loin. Le véhicule va à droite, à gauche, jusqu'à ce que l'on apprenne à braquer correctement. C'est exactement ce qui se passe dans l'astral. On émerge de son corps et puis on s'inquiète, on ne sait plus comment faire pour s'élever et on hésite, on se balance. A ce moment, la seule chose à faire est de s'imaginer qu'on est vraiment sorti.

Vous allez dire sans doute que je me répète. Je le fais volontairement, en connaissance de cause, parce que vous avez besoin de vous enfoncer dans la tête le fait que le voyage astral est normal, est facile, sans le moindre danger. Vous devez vous appliquer à ne pas avoir peur, parce que la crainte ralentit votre progression. C'est un coup de frein trop brutal. Quand vous avez peur, vous ne vous contrôlez plus. Alors, encore une fois, n'ayez pas peur, parce que vous n'avez absolument rien à craindre dans l'astral.

Quitter son corps physique, flotter librement dans les airs, c'est une aventure absolument merveilleuse. Rien ne vous oblige à aller très loin, vous pouvez simplement vous laisser dériver, à quelques mètres du sol. Vous sentirez les courants d'air chauds ou froids qui vous emportent, surtout quand vous passez au-dessus des arbres. Les arbres provoquent des courants élévateurs tièdes et plaisants. Et si vous vous laissez planer au-dessus d'une forêt, vous sentirez votre vitalité s'accroître. Il faut savoir apprécier les joies du voyage astral. Il n'y a pas de mots capables de les décrire. Vous avez quitté votre corps et vous vous sentez libre, délivré des contingences matérielles, vous avez l'impression de scintiller, et cela vous procure un plaisir ineffable. Vous connaîtrez ces joies, si vous le voulez vraiment. Des milliers de gens m'ont écrit pour me dire qu'ils avaient été surpris par la facilité de ces voyages, pour me raconter leurs aventures astrales. Ce qu'ils ont fait, vous pouvez le faire aussi.

Essayons maintenant de trouver ce qui vous empêche de connaître ce bonheur.

Premièrement, dormez-vous seul? Dans une chambre à part? Parce que si vous partagez le lit d'une autre personne tout cela sera assez difficile. L'autre occupant peut se retourner, et troubler le départ dans l'astral. Il faut donc que vous soyez seul, tout à fait seul dans une pièce. Il est impossible de pratiquer le voyage astral quand on vit dans une chambrée ou un dortoir, par exemple, et ce n'est pas facile non plus si l'on est jeune marié! Vous devez être seul, concentrer votre esprit sur le voyage dans l'astral, et tout deviendra aisé.

D'après les lettres que je reçois, il me semble que le

plus grand défaut de ceux qui veulent voyager dans l'astral soit l'impatience. Les Américains en particulier veulent y parvenir tout de suite. Ils ne veulent pas attendre, ni faire d'efforts, ils n'ont aucune patience. Ils voudraient y arriver immédiatement, hier ou avant-hier si possible! Mais ce n'est pas ainsi que les choses se passent; il faut d'abord se préparer. On doit s'appliquer à être patient, tout comme lorsqu'on a été cloué au lit pendant des mois il faut avoir la patience de rapprendre à marcher. Soyez donc patient, et ayez la foi, dites-vous que vous êtes capable de faire ce que vous désirez. Imaginez-vous que vous flottez au-dessus de votre corps, parce que l'imagination est une force motrice puissante. Et si vous n'y arrivez pas du premier coup, ne désespérez pas, persévérez. Quand vous serez arrivé à sortir de votre corps, le reste sera d'une simplicité enfantine. Le voyage dans l'astral est la chose la plus simple du monde. Respirer exige un effort, alors que le voyage astral ne nécessite que la négation totale de l'effort.

Après l'impatience, ce qui empêche les gens de se déplacer dans l'astral c'est la fatigue. On passe sa journée à galoper en tous sens comme une poule qui a perdu ses poussins, on se précipite au cinéma, au supermarché, en week-end, au travail. Et puis l'on se couche, complètement épuisé, et l'on s'imagine que l'on va pouvoir partir dans l'astral. C'est impossible bien sûr. Si l'on est trop fatigué on s'endort, on oublie toutes ses intentions, ou plutôt on oublie au réveil tout ce que l'on a vu pendant le voyage. Tout le monde se promène dans l'astral pendant son sommeil, mais ce qu'il y a d'intéressant c'est de partir bien éveillé afin de tout se rappeler. Il suffit de trouver le truc, comme on apprend à respirer. Quand on vient au monde, le médecin ou la sage-femme vous donne une petite claque sur les fesses et vous poussez un cri qui met en marche la respiration. Il m'est impossible, bien sûr, de venir vous donner une petite fessée afin de vous envoyer dans l'astral! Mais c'est aussi simple, il suffit de connaître le truc.

Comme nous venons de le voir, l'impatience et la fatigue sont les deux causes principales d'échec. Mais il y en a une troisième, la constipation.

Si vous êtes constipé, vous êtes de si mauvaise humeur que la malheureuse forme astrale est emprisonnée dans une enveloppe d'argile fétide. La constipation est le fléau de la civilisation, et puisqu'il est absolument nécessaire de ne pas être constipé pour poursuivre nos études astrales, nous devrions consacrer un chapitre entier à la santé. Poursuivez donc votre lecture, et vous apprendrez comment vous pouvez vous débarrasser de votre constipation. Une fois que vous aurez libéré votre corps de tous les détritus qui l'encombrent, vous vous sentirez beaucoup plus léger, et plus libre de voyager dans l'astral.

Quelqu'un m'a écrit un jour : « Tous ces corps astraux dont vous parlez, qui flottent librement jour et nuit, comment se fait-il que leurs cordes d'argent ne s'emmêlent pas? Vous dites que des milliers de personnes quittent leur corps et s'élèvent comme des ballons au bout d'une ficelle. Comment cela peut-il se faire sans qu'il y ait des embouteillages et des emmêlements de cordes? »

C'est une question facile. Comme je l'ai dit, chacun a une fréquence différente, chaque corps physique a sa propre longueur d'ondes et le corps astral a une fréquence plus haute de plusieurs octaves, si je puis me permettre de m'exprimer ainsi alors que je ne suis pas du tout musicien. Le corps astral est manifestement en harmonie avec le corps physique, mais ses vibrations sont plusieurs millions de fois plus rapides. Tout le monde a sa fréquence propre, ou ses vibrations différentes, et si vous tournez le bouton de votre radio pour écouter la B.B.C. vous n'entendrez pas Radio-Ankara ou Radio-Pékin, qui ont des longueurs d'ondes différentes.

Or, les fréquences des stations de radio ne s'emmêlent pas, tout comme les fréquences de divers corps astraux ne se gênent pas et ne peuvent par conséquent se heurter. Il n'y a donc pas d'embouteillages, comme le dit mon correspondant. Dans une avenue encombrée, les voitures s'emboutissent parfois, les conducteurs s'injurient, mais de tels incidents ne peuvent pas se produire dans l'astral. Il n'y a pas de collisions. Les seuls êtres qui peuvent se réunir dans les mondes de l'au-delà sont les personnes qui sont compatibles. La discorde ne peut y exister, et une collision est généralement un élément de discorde, n'est-ce pas ?

Beaucoup de gens se disent : « Je n'arrive pas à résoudre tel ou tel problème. Mieux vaut que je me couche. La nuit porte conseil et j'aurai ma solution demain. » Ce ne sont pas des paroles en l'air. Les personnes accablées de problèmes les emportent dans le monde astral et si elles ne peuvent les résoudre elles-mêmes, elles trouvent là-bas quelqu'un pour les aider. Et tout en étant incapables de voyager consciemment dans l'astral, elles regagnent néanmoins la terre en conservant le souvenir de la solution.

Certains grands musiciens, par exemple, peuvent passer dans l'au-delà et se rendre dans une zone au-dessus de l'astral inférieur. Ils y entendent une musique céleste, admirable, et cette musique est enregistrée par leur esprit musical. A leur réveil — et il leur arrive parfois de se réveiller spécialement — ils se précipitent vers leurs instruments et pensent qu'ils « composent ». Beaucoup de grands compositeurs gardent auprès de leur lit du papier à musique et des crayons afin que, à leur réveil, ils puissent noter immédiatement leurs inspirations, sans se douter qu'ils recopient simplement une musique entendue dans un monde astral. C'est un des avantages de ces voyages.

Il arrive qu'un grand inventeur ait vu quelque chose dans l'astral, sans y avoir voyagé consciemment. A son réveil il a une idée formidable, l'idée d'une nouvelle « invention », et il court à sa table de travail pour tracer des plans et noter des spécifications. Et il présente au monde ébloui l'objet ou l'appareil que l'on attendait depuis des siècles.

Beaucoup d'hommes d'affaires importants se servent, consciemment ou inconsciemment, du voyage astral. Voici ce qui se passe : un journaliste très habile et très intelligent sait que le lendemain il doit interviewer une personnalité qui refuse généralement de répondre aux questions. En se couchant, il songe tout naturellement à son travail du lendemain, il réfléchit à tout ce qu'il dira, il imagine les questions et les réponses, il réfute déjà les arguments. Puis il s'endort. Son corps astral a compris ce qu'il voulait et, pendant le sommeil du corps physique, il s'envole et part à la recherche du corps astral de cette personnalité, pour lui dire quelles questions on lui posera et ce qu'elle devra répondre.

Le jour suivant, lors de l'interview, les deux hommes s'accueillent comme de vieux amis, ils sont certains de s'être déjà rencontrés. Ils s'aperçoivent bientôt qu'ils s'entendent à merveille et l'entrevue donne les meilleurs résultats. Ainsi donc, si vous voulez réussir en affaires ou en amour, allez voyager dans l'astral. Vous pouvez ainsi planter des jalons et faire comprendre à l'avance à vos interlocuteurs ce que vous désirez.

Je vous ai longuement expliqué comment sortir de votre corps; dites-vous bien que vous le pouvez, comme vous pouvez toujours y revenir. Mais l'essentiel est d'y retourner le plus agréablement possible, parce que si vous vous enivrez de votre liberté nouvelle et si vous sautez à pieds joints dans votre enveloppe charnelle, vous risquez d'avoir la migraine.

Lorsque vous revenez de votre voyage astral, vous voyez votre enveloppe charnelle allongée sur le lit, la bouche ouverte, les yeux fermés, les membres abandonnés. Il vous faut y rentrer. Imaginez que vous descendez lentement, très, très lentement. Puis, lorsque vous êtes juste au-dessus, prenez exactement la même attitude que celle du corps, placez vos membres dans la même position. Et puis laissez-vous absorber, comme l'humidité par un buvard. Vous êtes maintenant dans le corps (vous le trouverez froid, sans doute, et un peu gluant). Vous êtes rentré pour ainsi dire au bercail sans heurt, sans choc, sans désagrément. Supposons cependant que vous vous y preniez mal, que vous soyez maladroit, et que vous rentriez trop brusquement. Vous aurez alors un mal de tête affreux, vous éprouverez même des nausées. Dans ce cas, il n'y a qu'une chose à faire — les remèdes, les médicaments ni l'aspirine ne vous soulageront — qui est fort simple et tout à fait efficace :

Allongez-vous, les pieds réunis, les mains jointes, restez immobile et efforcez-vous de vous endormir, ne serait-ce que pour quelques minutes. Pendant ce sommeil, si bref soit-il, le corps astral ressortira du corps physique puis le réintégrera en trouvant la position exacte. Une fois qu'il sera revenu, vous éprouverez une merveilleuse sensation de bien-être et vos douleurs auront disparu. Voilà. C'est tout simple.

Dans ce chapitre j'ai parlé sans doute trop longuement du voyage dans l'astral et sans doute me suis-je répété. Mais c'était nécessaire pour vous permettre de bien vous imprégner de cette idée de facilité. Vous pouvez y arriver, à condition de ne pas faire trop d'efforts. Vous pouvez y parvenir, à condition d'avoir de la patience. Vous ne pouvez pas aller prendre un billet pour l'astral au guichet d'une aérogare, vous savez! Les billets d'avion coûtent très cher, mais le voyage astral est entièrement gratuit. Et il est à votre portée, si vous avez suffisamment de patience et si vous n'êtes pas trop fatigué.

Alors n'hésitez pas. C'est vraiment une aventure merveilleuse, une sensation inimaginable.

3

Je reçois beaucoup de lettres, trente ou quarante par jour, et un nombre surprenant de mes correspondants me posent des questions d'ordre médical. Beaucoup de gens, des femmes en particulier, n'osent pas aller consulter un médecin, hésitent à parler à l'homme de l'art de leurs misères, de leurs douleurs, de certaines maladies gênantes, alors elles s'adressent à moi. Dans ce chapitre, je vais aborder quelques problèmes de santé mais, avant tout, la constipation!

C'est sans doute la maladie la plus insidieuse dont souffre l'humanité. Toutes les autres sont promptement soignées. Si l'on a une rage de dents, on court chez le dentiste pour faire arracher la molaire douloureuse. Si l'on se casse une jambe, on se fait plâtrer. Mais la constipation...! On a honte d'en parler, et la plupart des gens s'imaginent que c'est un mal inévitable.

Les malades se fient souvent aveuglément aux sages paroles des médecins, mais ceux-ci sont souvent tributaires des fabricants de produits pharmaceutiques. Le rhume de cerveau et la constipation sont en quelque sorte les maladies « alimentaires » des pharmaciens. Des milliards de francs, de livres, de dollars sont dépensés pour les remèdes « infaillibles » contre le rhume de cerveau ou la constipation. Or, les médecins devraient obéir à deux lois très anciennes, la première stipulant que l'art de la médecine consiste à amuser le patient pendant que la nature guérit la maladie. La seconde pourrait être appelée *primum non nocere,* ou « avant tout, ne fais pas de mal ». Quoi que fasse le médecin, il devrait avant tout se rappeler ces deux lois. Malheureusement, la sagesse populaire accuse les médecins de faire les cimetières bossus et bien des gens estiment qu'ils font le plus grand mal à leurs patients en ne les avertissant pas des dangers de la constipation.

Ce mal-là nous intéresse du fait que, si la personne qui désire voyager dans l'astral est constipée, il ne lui est pas possible de partir consciemment, de voyager éveillée. Alors, si vous avez vraiment envie de voyager dans l'astral, assurez-vous avant tout que vos intestins sont libérés. La propreté est importante, n'est-ce pas ?

De très anciens écrits chinois indiquent que dans ce temps-là les empereurs, les impératrices, les grands chefs de guerre employaient des clystères pour assurer leur propreté interne. De nos jours, le clystère est appelé lavement, alors nous allons employer ce terme, car le clystère fait un peu trop penser aux vieilles médecines d'autrefois. Dans les temps très anciens, les Chinois se servaient de tubes de bambou s'emboîtant les uns dans les autres, avec un piston qui envoyait la tisane d'herbes dans les intestins.

Les Égyptiens aussi se servaient de clystères et peut-être avaient-ils emprunté cette méthode aux Chinois. Toujours est-il que vers 1500 av. J.-C., les

Égyptiens prenaient des lavements pour traiter les maladies. Le principe était de se débarrasser avant tout des déchets qui causaient les douleurs. Certaines de leurs recettes, par exemple un mélange d'huile et de miel, nous feraient horreur aujourd'hui!

Dans la France du XVe siècle, le lavement était une méthode de soins courante, et l'on en prenait souvent un par jour. En Angleterre, les grandes familles avaient toutes de superbes clystères de bois et de métal ouvragé; le malade s'asseyait sur une chaise percée, le clystère était introduit et la pompe à main injectait dans ses intestins une solution préparée avec grand soin. Mais les modes changent. Au lieu de prendre un lavement, nous allons aujourd'hui à la pharmacie, nous achetons tel ou tel médicament que nous prenons par voie buccale; nous avalons des comprimés, des dragées, des sirops laxatifs qui provoquent de brutales expulsions et nous détraquent les intestins, sans guérir la véritable cause du mal. On cherche aujourd'hui à soulager la douleur le plus rapidement possible, et l'on ne pense pas un instant à ce qui provoque la constipation.

La médecine est tributaire de la mode. Il y a quelques années, il était de bon ton de se faire opérer des amygdales, par exemple. Puis le grand chic fut de se faire enlever l'appendice. Aujourd'hui, toutes les femmes élégantes se font faire une hystérectomie. Nous y reviendrons plus tard.

Ainsi le lavement passa de mode, et ce fut désastreux, parce que c'est un des meilleurs moyens de guérir la constipation et les malaises qu'elle cause. Beaucoup de personnes sont constipées parce qu'elles ne boivent pas assez d'eau. Si l'on veut rester en bonne santé, il est indispensable de boire des litres et des litres d'eau, parce que nos aliments forment une pâte dans notre estomac et dans nos intestins d'où les substances nutritives sont extraites. Ainsi, quand les résidus arrivent dans le côlon, ils forment une masse dure et sèche qui bien souvent ne peut être expulsée sans provoquer des douleurs. Le seul moyen de se débarrasser de cette masse est de s'assurer qu'elle est correctement humidifiée. Les laxatifs que l'on vend aujourd'hui dans le commerce sont souvent des irritants. Il arrive que les intestins soient tellement irrités qu'ils aspirent par leurs parois l'humidité du sang, ce qui provoque la déshydratation.

Beaucoup de mes lecteurs m'ont écrit pour me soumettre leur problème. Le seul conseil que je puisse leur donner est de traiter d'abord la cause par le lavement, et ensuite de prendre des laxatifs avec précaution. Peut-être serait-il bon, pour éviter une nouvelle avalanche de lettres, d'entrer un peu plus dans le détail.

De nos jours, nous mangeons des aliments artificiels, des conserves, qui bien souvent manquent de volume. Si, après un repas, il n'y a pas assez de résidus pour remplir l'intestin, les mouvements intestinaux ne peuvent pousser en avant le résidu que nous désirons expulser. Il est donc indispensable de surveiller son régime. Cette alimentation de régime doit être assez volumineuse pour remplir normalement l'intestin de manière que ses contractions poussent le résidu afin de l'expulser.

De plus, on ne le répétera jamais assez, il faut

boire beaucoup d'eau, d'abord pour conserver au sang son épaisseur, ou densité, ensuite pour faire travailler les reins, et enfin pour qu'il en reste suffisamment dans le corps pour maintenir le taux d'humidité indispensable. Si l'on suit un régime raisonnable, bien adapté, avec beaucoup de fruits et de légumes, le travail de l'intestin se fera facilement. Mais bien trop de personnes ont la fâcheuse habitude de manger trop vite, elles enfournent les aliments en avalant à toute vitesse. Tout cela tombe lourdement dans l'estomac, qui doit alors travailler deux fois plus pour digérer cette masse.

Et puis, dès que nous avons mangé, nous nous précipitons dans la rue, nous courons après l'autobus, ou nous nous dépêchons de faire nos achats pendant la pause du déjeuner. L'intestin n'a pas le temps de faire son travail, il finit par se lasser, et devient de plus en plus paresseux.

La nature n'a que faire de vos considérations personnelles. Il faut lui laisser le temps de travailler et si vous l'insultez, si vous faites un mauvais usage des fonctions naturelles, vous risquez de le payer cher, de souffrir d'une mauvaise santé, d'être de mauvaise humeur et votre porte-monnaie s'en ressentira.

Cela dit, savez-vous ce qu'est au juste un lavement? Ce n'est pas compliqué. Vous pouvez acheter chez votre pharmacien un sac de caoutchouc équipé d'un tube avec une canule au bout. Le « bock » à lavement est toujours vendu avec son mode d'emploi. Vous vous en servirez deux ou trois fois afin de rétablir votre santé et, une fois les intestins conditionnés vous ne devriez plus souffrir de constipation, à moins d'avoir une grave maladie, auquel cas vous consultez votre médecin. Dites-vous bien que je ne cherche pas à supplanter votre médecin familial. Je ne prescris aucun traitement médical mais j'essaye simplement de vous éviter bien des souffrances, en vous donnant quelques conseils élémentaires, que tout le monde devrait connaître et qui, si l'on voulait bien les suivre, éviteraient bien des douleurs et bien des frais médicaux, sans compter que vous n'auriez pas à déranger un médecin qui a des cas plus urgents à traiter. Rappelez-vous bien ceci. Je ne veux en aucun cas conseiller des traitements à des personnes gravement malades, je suggère simplement des soins, une routine qui devrait vous conserver la santé. Mon premier précepte est simplement... évitez la constipation!

Le lavement ne présente aucun danger. La meilleure façon de le prendre est de s'allonger par terre, dans la salle de bains, sur une serviette éponge. Couchez-vous sur le côté gauche, les genoux pliés. Vous pouvez vous administrer vous-même le lavement sans aucune difficulté. Si vous souffrez d'une constipation grave, ajoutez à l'eau tiède (à la température du corps) une décoction de myrrhe et une quinzaine de gouttes de teinture d'échinacée. Remplissez votre bock et injectez la solution dans vos intestins. Gardez-la le plus longtemps possible; la mixture saturera la masse dure qui encombre vos intestins, la ramollira et vous permettra de l'évacuer sans douleur.

Après avoir expulsé le plus gros, reprenez un lavement d'eau tiède dans laquelle vous aurez ajouté de la teinture d'échinacée mais pas de décoction de myrrhe. Cette seconde injection devrait vous débarrasser du reste.

A ce sujet, vous serez peut-être intéressé d'apprendre que beaucoup de malades qui ne peuvent s'alimenter par la bouche, sont nourris artificiellement par le rectum. Un liquide alimentaire est injecté lentement, et gardé, qui nourrit le corps. Il est indispensable de se rappeler que plus vite le liquide est injecté, plus vite il est expulsé. Il convient donc, si vous voulez garder le liquide le plus longtemps possible, de donner le lavement très lentement. Il est évident que l'alimentation artificielle par le rectum ne peut se faire que sur les conseils du médecin.

Dans le monde entier, des tribus indigènes ont leurs propres remèdes contre la constipation. Les sauvages d'Amérique du Sud, dans les hauteurs de l'Amazonie, nous ont donné un de nos plus célèbres laxatifs, le cascara ou, comme on l'appelle la *cascara sagrada,* ou écorce sacrée. Les indigènes du Brésil consultent leur sorcier, quand ils sont constipés, et celui-ci leur remet un morceau d'écorce sacrée qu'ils mâchent (et pourtant c'est bien mauvais!). Au bout d'un moment, ils se retirent derrière des buissons épais, et lorsqu'ils reviennent, après une heure ou deux, ils sont guéris, quand bien même ils paraissent un peu pâles, après ces événements. L'écorce sacrée a des effets dévastateurs, mais les chimistes l'ont mise au point, et on peut l'obtenir aujourd'hui en doses graduées.

Une fois vos intestins libérés des résidus, il vous faudra surveiller votre régime, en changer s'il le faut, et assurer ainsi la régularité des mouvements de votre intestin; vous devrez enfin prendre l'habitude d'aller régulièrement à la selle. Allez-y tous les jours à la même heure; ne vous inquiétez pas si au début vous n'obtenez pas de résultats mais prenez patience, pensez à ce que vous avez à faire, et la nature opérera le reste. Si vous vous réglez vous-même, si vous montrez à la nature que vous êtes prêt, consentant, alors elle jouera son rôle.

Les meilleurs laxatifs sont à base d'herbes. Vous pouvez trouver de la *cascara sagrada* en comprimés ou en sirop, tout comme on peut se procurer du senné en cachets ou sous forme liquide. Ces médicaments provoqueront sans douleur l'action désirée. Il existe aussi des préparations chimiques, qui sont malheureusement très dangereuses, alors que la cascara ne l'est pas du tout; on pourrait l'appeler la « pilule de la foi » et n'oubliez jamais que la foi peut déplacer des montagnes.

N'oubliez pas non plus ceci : il est parfaitement inutile de prendre un laxatif si l'on ne boit pas beaucoup d'eau. A quoi bon prendre un remède destiné à provoquer des contractions d'intestin alors que les détritus que l'on veut déplacer sont trop durs ? Il est absolument indispensable, par conséquent, de boire de l'eau en quantité, sinon le laxatif causera des douleurs et ne fera aucun effet. Vous ne boirez jamais trop d'eau.

Pour nous résumer, votre santé dépend uniquement de la propreté de votre système. Si vos intestins sont dégagés, alors vous pouvez partir dans l'astral.

Beaucoup de femmes m'écrivent pour m'interroger sur les troubles du retour d'âge. Beaucoup de femmes craignent la ménopause plus encore que la mort, elles s'imaginent qu'elles vont devenir folles ou je ne sais quoi. Elles ont écouté d'invraisemblables contes de bonnes femmes et craignent le pire sans savoir ce qui va leur arriver. La ménopause est un changement, mais il s'en produit un aussi quand on arrive à la puberté. Une fille ne devient pas femme du jour au lendemain; elle reste enfant, presque bébé, jusqu'à onze, douze, treize ans, ou même quatorze ou quinze ans selon les cas, et pendant toutes ces années elle sent qu'il se passe en elle des choses étranges. Son comportement se transforme. Son corps change aussi, parce que, à un certain âge de la vie, de nouveaux produits chimiques sont fabriqués par le corps, et absorbés par le sang. La petite fille a ses règles pour la première fois, et après cela, elle est en mesure de mettre un enfant au monde.

Cette transformation de l'enfant en adolescente est provoquée par l'afflux dans le sang de toutes sortes de nouveaux produits chimiques qui la préparent à la maternité. Mais plus tard, bien plus tard, cette source de chimie se tarit; et la femme s'imagine trop souvent qu'elle devient inutile, et que du fait qu'elle ne peut plus avoir d'enfants sa vie entière sera changée. Elle est persuadée qu'elle ne pourra plus avoir de vie sexuelle. C'est stupide, bien sûr. Beaucoup de femmes connaissent après la ménopause des joies qu'elles n'avaient jamais imaginées. Après l'âge de la maternité, elles s'aperçoivent qu'elles peuvent créer, devenir des artistes, des musiciennes, des peintres de talent. La nature supprime la faculté de mettre au monde des enfants, mais l'énergie demeure, l'initiative, toutes les facultés qui permettent de se tourner vers d'autres buts. La femme peut alors devenir une meilleure épouse, car lorsqu'elle s'occupe de ses enfants, le mari se sent parfois délaissé. Après la ménopause, elle peut se consacrer à lui, et bien souvent les femmes connaissent alors leur plus grand bonheur.

Les femmes me demandent comment elles doivent se conduire au moment de leur ménopause. Je leur répondrai qu'elles doivent simplement se rappeler qu'un changement se produit en elles, c'est un peu comme une voiture qui a roulé pendant des années à l'essence et qui doit soudain s'adapter à un nouveau carburant, la paraffine par exemple. C'est une simple question d'adaptation. Dites-vous bien que le retour d'âge est une chose tout à fait naturelle, qui arrive à toutes les femmes, et celles qui en souffrent sont celles qui s'en inquiètent exagérément. Alors ne vous inquiétez pas. Dites-vous que ces changements sont normaux et que plus vous resterez calme, moins ils vous affecteront. Il se peut que vous ayez des migraines auxquelles vous n'avez pas été habituée, des douleurs, des bouffées de chaleur, mais tout cela passera. Bientôt tout s'arrangera, et vous n'éprouverez plus aucun trouble. Vous finirez par vous réjouir de ne plus être gênée tous les mois par vos règles, et vous serez plus heureuse. Il arrive que l'on grossisse un peu à l'époque de la ménopause, parce que les influences chimiques qui viennent de cesser brûlaient les graisses.

Un régime adéquat, un peu de gymnastique remédieront à ces ennuis, et vous n'en serez que plus belle. Surtout, ne croyez jamais les contes de bonnes femmes, qui vous disent que vous allez devenir grosse comme une truie, que vous verrez pousser votre barbe et votre moustache et que vous perdrez goût à la vie. Ce ne sont que fariboles et mensonges.

La ménopause est naturelle, normale, mais si vous vous laissez troubler, si vous avez peur, votre médecin vous prescrira un traitement aux hormones. Vous ne pouvez le faire vous-même, bien sûr, parce qu'il existe différents types d'hormones et si vous prenez n'importe lesquelles, vous risquez de tomber malade. Si la vie vous semble vraiment trop insupportable pendant votre retour d'âge, consultez votre médecin, dites-lui franchement que vous voulez être soignée. C'est triste à dire, mais beaucoup de médecins pensent que la ménopause est une chose tout à fait naturelle et que les femmes qui s'en plaignent ne sont que des enfants douillettes. Alors si le vôtre est ainsi, n'hésitez pas à lui dire que vous exigez un traitement aux hormones et, s'il refuse, allez en consulter un autre. Ce ne sont pas les médecins qui manquent, vous savez!

Puisque nous en sommes aux maladies féminines, parlons un peu de cette opération appelée hystérectomie. Beaucoup de femmes la subissent sans savoir du tout de quoi il s'agit. C'est presque devenu un symbole de réussite, une mode comme le port de ces casques de plastique ridicules qui sont un symbole de réussite au Canada et aux États-Unis. Les hommes qui veulent se faire passer pour des « durs » portent ces casques, en plastique multicolore, afin de faire savoir à la terre entière qu'ils exercent tel ou tel métier, qu'ils sont maçons, architectes, ingénieurs, égoutiers ou jardiniers (oui, même les jardiniers portent des drôles de casques, chez nous!)

Certaines femmes considèrent donc l'hystérectomie comme un symbole de réussite. C'est ce qu'il y a de plus nouveau, de plus à la mode, comme naguère l'appendicectomie ou l'ablation des amygdales. Beaucoup de femmes, mariées ou non, n'ont pas envie de s'embarrasser des méthodes de contraception et préfèrent subir une hystérectomie, c'est-à-dire l'ablation totale de l'utérus et des ovaires, afin de ne plus avoir d'enfants. Ainsi, elles peuvent faire l'amour à loisir, sans le moindre souci.

Ce n'est pas aussi simple, tant s'en faut. L'hystérectomie est une opération très grave, à moins que l'on ne souffre d'une maladie précise. Si votre médecin vous dit que vous êtes malade et que vous devez vous faire retirer l'utérus, ne le croyez pas sur parole, allez en consulter un autre. Malheureusement, il est très facile de dire à une femme qu'elle a besoin de se faire opérer. Le médecin y trouve son compte, comme son ami le chirurgien, car il est navrant de constater que la médecine devient de plus en plus une entreprise commerciale. Les médecins doivent bien vivre, payer leurs voitures de luxe, entretenir leurs belles maisons, et si une femme est prête à payer les frais d'une opération ils n'hésitent pas. Vous avez déjà compris, certainement, que je n'ai pas la moindre confiance en ces médecins occidentaux. J'en ai trop vu au

Canada, qui n'étaient que des bouchers. Mais revenons-en à l'hystérectomie.

Si l'opération est indispensable, n'oubliez pas qu'elle n'est en somme qu'une ménopause artificielle, un retour d'âge provoqué. Vous ne serez pas infirme après, loin de là. Vous pourrez mener une vie parfaitement normale, mais vous ne pourrez plus avoir d'enfants, et cela risque de vous traumatiser. C'est absolument dramatique, pour une femme de vingt-cinq ou trente ans; après la cinquantaine, la femme a déjà vécu sa vie sexuelle normale, son corps et son Sur-moi ont mûri. Mais si cette terrible opération est pratiquée avant ce mûrissement, la femme ignore tout de la vie, elle n'a aucune expérience. Si la nature avait voulu que les femmes aient leur retour d'âge à vingt-cinq ans, elle aurait pris des dispositions dans ce sens, et il n'est vraiment pas souhaitable que l'homme contrarie la nature, à moins naturellement qu'une grave maladie ne puisse être guérie autrement.

Alors, mesdames, si vous devez vous faire faire une hystérectomie, songez que vous subissez une très grave opération, en même temps que votre retour d'âge, car ce n'est pas autre chose. Souvenez-vous qu'au moment de la ménopause normale, l'interruption des fonctions corporelles s'est faite graduellement, mais si vous subissez une hystérectomie le changement sera brutal. C'est pourquoi certaines femmes deviennent un peu « bizarres » après une telle opération, parce que tout a été trop rapide, trop brusque, et qu'elles ne savent pas ce qui va leur arriver, elles ignorent à quoi elles doivent s'attendre. Or, une fois remises du choc opératoire, il faut qu'elles s'habituent au changement de leur composition chimique. Elles doivent comprendre que pendant un certain temps elles vont se sentir désorientées, perdues, mal à l'aise et peu sûres d'elles. Elles souffriront de migraines, de fièvre, de vagues douleurs dans le bas-ventre. Mais tout cela passera, et elles retrouveront leur équilibre. Elles pourront faire l'amour, du sport, elles pourront jouir de la vie. Mais tout dépendra de leur attitude — de la VOTRE — de leur état d'esprit, car on est ce que l'on pense que l'on est.

Une des principales causes de l'hystérectomie, la frigidité, vient de ce que les parents de la « vieille école » racontaient à leurs enfants des choses horribles. Les mères enseignaient à leurs filles que l'amour charnel était une chose méprisable, honteuse, répugnante, dégradante, à la suite de quoi ces filles prenaient la sexualité en horreur et en avaient si peur que cette attitude fut responsable de bien des échecs matrimoniaux.

Je connais une femme à qui sa mère a fait tellement peur qu'aujourd'hui, alors qu'elle est mariée, elle ignore tout du corps de son mari, et il ne connaît pas le sien. C'est un bon garçon sans imagination, sans ambition, et ces deux êtres ont une vie aussi passionnante que pourraient l'avoir un chou et une laitue sur la même étagère d'un réfrigérateur. J'ai parlé un jour à cette femme de la sexualité, et j'ai cru qu'elle allait s'évanouir d'horreur et de honte; pour moi, elle était presque folle d'ignorance. Elle vivait dans la terreur d'être violée.

Je trouve atroce que ces mères donnent à leurs filles des idées aussi erronées concernant la vie sexuelle. Elles ne sont pourtant pas les seules à blâmer. Bien des gens qui se posent en occultistes affirment que la sexualité est sordide, sale, et empêche de progresser dans l'étude des sciences occultes. Rien ne saurait être plus faux. Certaines gens ont besoin de connaître les plaisirs sexuels, d'autres n'en ont que faire. Il est stupide de vouloir classer tous les humains dans une seule catégorie, car ce qui convient à celui-ci, ne vaut rien pour celui-là. J'affirme, sans crainte de me tromper, que l'amour sexuel ne peut faire de mal à quiconque, à la condition que les partenaires soient amoureux l'un de l'autre. S'ils ne s'aiment pas, l'acte de chair n'est rien d'autre qu'une élimination des humeurs, tout comme la défécation.

Certaines Églises, hélas, enseignent énormément de bêtises à propos du sexe. Au lieu d'étudier la Bible afin d'y découvrir l'explication des symboles, les prêtres de ces Églises se contentent de suivre ces préceptes à la lettre. Prenons par exemple le récit de la Genèse, l'histoire d'Adam et d'Ève et du serpent; selon les rites orientaux, le serpent est un organe mâle, et la pomme le récipient qui contient la graine. Et si l'on veut bien lire la Bible à la lumière des connaissances orientales on reconnaîtra qu'elle contient énormément d'idées venues d'Orient.

Moïse a été découvert dans son berceau, au milieu des roseaux; bien sûr! Mais il y avait été placé par les Jardiniers de la Terre, ceux que nous appelons les extra-terrestres, afin qu'il fût justement découvert en ce lieu. Plus tard, Moïse monta au Sinaï, et y fit beaucoup de choses. Mais si vous lisez avec attention, vous vous apercevrez que Moïse est arrivé sur une terrasse dallée; cette terrasse existait-elle sur la montagne, ou bien est-il monté dans une soucoupe volante conduite là par les extra-terrestres? Moïse avait un « bâton » duquel il détenait son pouvoir; il n'était pas d'origine terrestre, ce bâton, il venait d'un autre monde, vous savez. En fait, Moïse était un extra-terrestre déposé sur la terre.

Il m'arrive souvent de recevoir des lettres de gens qui s'intéressent à la drogue, le LSD, la marijuana, le peyotl, etc. Un nombre surprenant de ces correspondants m'écrivent de diverses prisons des États-Unis. Ils me demandent ce que je pense du LSD, de la marijuana, des autres drogues, et peut-être serait-il souhaitable que je donne ici mon opinion sincère.

Le LSD, la marijuana, le peyotl, toutes ces drogues sont épouvantables, terriblement dangereuses pour le Sur-moi. Si vous voulez vous faire du mal, à votre aise, mais sachez qu'il n'est jamais bon de blesser votre Sur-moi, parce que, ici-bas vous n'avez qu'un dixième de conscience, et vous ne pouvez absolument pas savoir ce que désirent les neuf autres dixièmes. Les drogues de cette espèce emmêlent la corde d'argent, provoquent des dépressions et des turbulences de l'aura, et laissent de douloureuses cicatrices sur le corps astral. Il est parfaitement stupide de se faire un mal irréparable sous prétexte de rechercher des sensations nouvelles, qui sont d'ailleurs fausses. Ces drogues ne peuvent être utiles qu'entre les mains des savants qui savent ce qu'ils font, sinon ils ne seraient pas des chercheurs.

Je n'ai qu'un seul conseil à vous donner, invariable, immuable : ne touchez jamais à la drogue. Si vous avez besoin de certains soins, nécessitant l'usage de quelques-unes de ces drogues, allez voir votre médecin. N'en prenez jamais vous-mêmes au hasard ni par curiosité; n'y touchez pas, vous vous feriez plus de mal que de bien, plus de mal que vous ne pouvez imaginer. Ce qui nous amène tout naturellement à un autre sujet.

Beaucoup de personnes ont l'air de penser qu'elles commettent un crime en étant malades. J'ai sous les yeux la lettre d'une dame me disant qu'elle ne pourra jamais faire de progrès spirituels, de progrès occultes, parce qu'elle souffre d'une infirmité physique. Elle pense qu'elle a terriblement péché, puisque son corps n'est pas parfait.

Mais savez-vous que la personne parfaitement saine ne peut faire aucun travail occulte? Regardez les grands champions de football, de base-ball, tous ces « costauds », regardez leurs photographies. Ils paraissent forts, certainement, ce sont des tas de muscles, mais beaucoup d'entre eux ne semblent pas briller par leur intelligence. Regardez donc ces photos, et faites-vous une opinion!

Je vous dirai, tout à fait sérieusement, qu'à ma connaissance on doit souffrir d'une infirmité pour être réellement psychique. Le Grand Oracle du Tibet était un homme malade, très malade, et pourtant ses prophéties étaient remarquables. Si vous cherchez bien, vous découvrirez que tous les vrais occultistes souffraient d'une infirmité physique qui accélérait leurs vibrations au point qu'ils devenaient capables de percevoir l'avenir, soit par clairvoyance, soit par télépathie. Réfléchissez. Bien souvent une personne est malade ou infirme non pas parce qu'elle sort de sa kharma, mais afin de pouvoir accroître ses vibrations personnelles pour être à même de recevoir les plus hautes fréquences, et de participer à des expériences occultes.

On m'écrit souvent pour me dire que je dois être soumis à une terrible kharma parce que je souffre de thrombose coronaire, de tuberculose et autres affections, et parce que j'ai eu une vie vraiment très dure. Ces gens se trompent, ce n'est pas du tout pour cela, mais simplement dans le but d'accomplir une mission particulière. Alors je vous en prie, ne m'écrivez plus que j'ai dû être un très grand pécheur dans une vie antérieure sinon je n'aurais pas eu à souffrir autant ! Je sais ce que j'ai fait dans mes précédentes vies, je sais ce que je fais, et je sais où je vais. Et j'atteindrais bien plus vite mon but si plus de gens consentaient à m'aider. J'ai essayé de me livrer à des recherches spéciales concernant l'aura humaine, je me suis efforcé de mettre au point un appareil permettant à tous de voir l'aura, mais je suis toujours arrêté par la question d'argent. Et si l'on essaye de trouver de l'argent pour des recherches, on vous regarde généralement de travers. J'ai voulu trouver des sujets, pour travailler avec eux, mais la plupart des gens ont une peur bleue de se séparer de quoi que ce soit, entre leurs chaussures et leur chapeau.

Je vous répète donc que je ne subis pas ma kharma, mais que j'accomplis une mission.

Je viens de recevoir une lettre dans laquelle mon correspondant me pose la question suivante : « Est-il vrai que les gens sourient au moment de mourir ? »

C'est parfaitement exact. Tous ceux qui passent une grande partie de leur temps auprès des grands malades et des mourants en témoigneront; la plupart des gens à l'article de la mort sourient et ont l'air heureux. On croirait, à les voir, qu'ils sont accueillis par des personnes aimées, et c'est précisément le cas ! Alors, quand l'heure viendra pour vous de quitter cette terre, ne vous affligez pas, car vous serez accueilli, vous serez aidé et il n'y a absolument rien à craindre. Dans l'au-delà, au-delà de ce rideau que nous appelons la mort, règnent le bonheur, la lumière et la joie. Mais attendez, soyez patients ! Vous ne pouvez mourir avant votre heure, et si vous essayez vous serez aussitôt renvoyé sur terre dans un état pire que le précédent. Cela vaut la peine d'attendre, vous verrez. Le départ de la terre se fait dans la joie.

J'ai déjà parlé des médecins, en disant qu'ils ne valaient pas grand-chose. C'est vrai ! Le médecin n'est souvent de nos jours qu'un homme d'affaires, qui veut gagner sa vie, et faire fortune. Alors, si vous pensez souffrir d'une maladie qui a besoin d'être soignée, cherchez un bon médecin, tâchez de trouver le meilleur médecin de médecine générale que vous puissiez découvrir. Le « généraliste » diffère du spécialiste car il peut diagnostiquer et traiter presque toutes les formes de maladie. Posez la question à vos amis, à vos relations, demandez l'adresse d'un bon médecin dans les magasins où vous allez, et si vous vous apercevez que vous ne vous entendez pas avec lui, changez-en tout simplement, ce ne sont pas les médecins qui manquent!

Je vous conseille cependant, lorsque vous aurez trouvé un bon généraliste, de ne jamais le quitter car il vaut son pesant d'or et de diamants. Écoutez ses conseils, s'il vous dit que vous avez besoin d'un spécialiste. Le généraliste connaît le corps humain, ses fonctions, ses défauts bien mieux que vous. Alors trouvez un bon généraliste, ayez confiance en lui, expliquez-lui tous vos symptômes.

Ne demandez jamais conseil à votre pharmacien. Un pharmacien, même le meilleur, n'est là que pour exécuter les ordonnances, ce n'est pas un médecin. C'est donc votre médecin qui doit faire le diagnostic, rédiger l'ordonnance, et le pharmacien l'exécutera.

A présent, je vais me faire beaucoup d'ennemis, j'en ai bien peur. Je vais vous conseiller, si vous êtes malade, de vous adresser à un véritable médecin. Évitez comme la peste les pseudo-guérisseurs et tous ceux qui n'ont pas fait d'études scientifiques; il est trop facile, par exemple, d'hypnotiser une personne et de lui faire croire qu'elle ne souffre pas de telle ou telle maladie. On peut atténuer tels ou tels symptômes et même les faire disparaître, mais si l'on n'est pas vraiment médecin, on risque d'aggraver la maladie ou d'en déclencher une plus grave encore. En vous adressant à des guérisseurs ou à des hypnotiseurs sans connaissances médicales, vous risquez de transformer une verrue inoffensive en tumeur cancéreuse. Alors, si vous êtes malade, adressez-vous uniquement à un bon médecin généraliste.

4

La nuit était froide, glacée. De l'autre côté de la route une mince pellicule de neige recouvrait les buissons, et scintillait comme des ornements d'un arbre de Noël. Plus loin, au-delà d'un petit jardin, une lourde locomotive ronflait en attendant le signal du départ pour emporter vers New York son interminable train de milliers de voitures neuves fabriquées à Detroit.

Au sommet d'une colline, une clameur de fin du monde retentit dans l'air vif tandis que le carillon d'une église moderne faisait sonner ses cloches si violemment que toute la nature semblait frémir de terreur. De l'hôtel voisin montaient les voix joyeuses et avinées de ceux qui célébraient leurs gains aux courses. Des bookmakers éclataient de joie, car ce jour-là ils avaient gagné « le paquet ». On entendait nettement les conversations, portées par la bise d'hiver, le tintement des verres et la sonnerie de la caisse enregistreuse révélant que quelqu'un, au moins, profitait de cette prospérité.

Sur l'immense pont enjambant les rails du chemin de fer, des gens revenant de leur travail rentraient chez eux, roulant à toute vitesse sans se soucier des motards vigilants. Plus loin, sur la gauche, une enseigne au néon clignotait et teignait la neige de rouge sang, de vert vif, et encore de rouge.

Dans le ciel sans nuages de cette nuit glaciale, les étoiles brillaient de tous leurs feux, aucune fumée n'obscurcissait le croissant de lune. L'air était vif, presque crépitant de froid.

Le vieil homme, immobile dans son vieux fauteuil roulant, s'anima soudain et ouvrit la fenêtre. Le froid fit sur lui l'effet d'un tonique, ce fut comme un souffle d'une vie nouvelle après la chaleur de la journée, car le vieil homme supportait fort bien le froid et pas du tout la chaleur. En pyjama, car la nuit était déjà avancée, il fit rouler son fauteuil vers un objet recouvert d'une étoffe, à côté de la fenêtre. Il fit tomber l'étoffe, révélant un puissant télescope. Il le redressa et s'apprêtait à le mettre au point pour contempler les minuscules points de lumière si lointains quand une voix s'exclama, sans colère :

— Tu veux donc nous faire tous mourir de froid ?
— Il ne fait pas froid, répondit le vieil homme. Ce soir, je crois bien que nous pourrons voir très nettement les anneaux de Saturne. Veux-tu venir regarder avec moi ?

On entendit des froissements d'étoffe, des pas, un cliquetis, un grincement, et puis la lumière inonda la pièce quand la porte s'ouvrit derrière le vieil homme. Sa femme entra, et referma derrière elle. La malheureuse était tout emmitouflée, et portait même une couverture sur les épaules, par-dessus son gros manteau. Le vieil homme se pencha sur son télescope, et le braqua lentement vers la planète Saturne.

Soudain, son attention fut attirée par autre chose. Il changea vivement la position de l'appareil, refit la mise au point et regarda, intensément, par la lunette.

— Qu'est-ce que c'est ? Qu'est-ce que c'est ? demanda sa femme. C'est un avion ?

Le vieil homme ne répondit pas tout de suite ; il regardait intensément, tandis que sa main réglait machinalement le télescope.

— Vite, vite, dit-il enfin. Tiens-toi prête à mettre ton œil à la lunette dès que je m'écarterai. C'est quelque chose que tu as toujours rêvé de voir. Prête ?

— Oui !

La femme du vieil homme se précipita, se pencha sur l'instrument et y colla son œil dès que son mari se fut écarté. Elle vit dans la nuit étoilée une longue barre, en forme d'haltère, glissant en travers du ciel, une haltère illuminée à chaque extrémité, et entre les deux lumières une ligne de petites lueurs multicolores clignotantes.

— Je n'ai jamais rien vu de pareil ! s'exclama-t-elle.

A ce moment, l'objet passa au-dessus de la maison et, au télescope, elle le regarda par-dessous. Une espèce de porte s'ouvrit dans le ventre de l'objet, et plusieurs véhicules scintillants en sortirent, des globes luisants. Ils se détachèrent à toute vitesse de ce qui était manifestement une sorte de porte-avions, puis leurs lumières s'éteignirent et ils disparurent dans toutes les directions. Le grand vaisseau volant devint alors obscur, plana pendant une minute ou deux et finalement s'élança vers les cieux à une vitesse extraordinaire.

Le bruit de l'hôtel ne s'était pas calmé. Personne n'avait été dérangé. Les voitures roulaient toujours trop vite sur le vaste pont du chemin de fer. Les conducteurs étaient bien trop affairés pour s'apercevoir qu'il se passait des choses étranges. A l'avant de l'énorme locomotive, le mécanicien fumait un cigare en lisant son journal, indifférent à tout ce qui se passait au-dehors, sans se douter un instant de la présence de ce vaste vaisseau volant qu'il aurait pu voir. Sur la gauche, l'enseigne robot changeait de couleur, jetait ses feux rouges, verts, rouges sur la neige. Le monde allait à ses affaires, se penchait sur les préoccupations des hommes, et ignorait les choses étranges qui flottaient dans la nuit, comme elles avaient volé pendant des siècles, et voleraient encore dans l'avenir jusqu'à ce que les peuples de l'espace décident de venir se poser une fois de plus sur notre terre.

Car ils sont déjà venus, vous savez. La terre est comme une colonie, la terre est un terrain d'essais, une sorte de pépinière où des types différents sont rassemblés afin que les Jardiniers de l'Espace puissent voir comment ils s'entendent. Ne croyez jamais que Dieu est mort, ni toutes les sottises de ce genre. Dieu est bien vivant, et Dieu se sert de notre terre comme d'un laboratoire d'essais, et il laisse les petits humains que nous sommes apprendre sur terre leurs leçons afin d'être dignes des grandes choses qui se passeront dans la vie future.

★

La petite ville endormie au bord de la rivière placide s'étendait au soleil de l'après-midi. Des passants se promenaient lentement dans la rue, faisaient du lèche-vitrines, et cédaient parfois à la tentation d'acheter.

Les magasins et les supermarchés étaient assez calmes, car ce n'était pas le grand jour de marché, et les gens se promenaient davantage pour profiter du soleil.

Près des docks de charbon, des hommes déchargeaient sans se presser un cargo charbonnier. On entendait le ronflement saccadé d'un bulldozer repoussant les immenses tas de charbon, et une pelleteuse remplissait des camions alignés qui alimenteraient les usines voisines.

Un chien bâtard fouillait d'une patte léthargique un amas de détritus derrière le parking. Une pomme de terre adroitement lancée l'atteignit au flanc et il s'enfuit en hurlant, seule démonstration de vitesse de cette journée paresseuse.

Au bord de la rivière de jeunes garçons pataugeaient... avec leurs chaussures! Ils avaient trouvé une vieille épave de bateau au bois vermoulu, et jouaient aux pirates. De l'autre côté de la rue, le disquaire changeait sa pile de disques, interrompant pour un instant de merveilleux silence le vacarme qui se déversait généralement de son magasin.

Un passant, peut-être une ménagère, ou un fermier des environs, leva les yeux vers le ciel, en se disant sans doute que si le beau temps persistait les récoltes seraient bonnes. Il leva donc les yeux... et s'immobilisa. D'autres passants, surpris, après avoir regardé en souriant cet homme immobile, levèrent la tête à leur tour, et restèrent figés. Bientôt une petite foule s'était amassée, gesticulante, animée, montrant du doigt le ciel brûlant. Des voitures s'arrêtèrent dans des crissements de freins, leurs passagers sautèrent à terre et contemplèrent à leur tour les cieux.

Sur la berge de la rivière, les jeunes garçons interrompirent leur jeu pour regarder en l'air. L'un d'eux trébucha et tomba à la renverse dans l'eau qui emplissait l'épave. Ses compagnons n'attendirent même pas qu'il se relève et partirent en courant vers la place du marché, laissant derrière eux des traînées d'eau sale.

Un homme jaillit d'une maison, fit demi-tour et revint presque aussitôt avec une paire de jumelles. Il les porta fébrilement à ses yeux, les mit au point d'une main tremblante. Tout le monde parlait en même temps. Les jumelles passèrent de main en main, chacun voulant contempler le ciel.

Tout là-haut, à une altitude à laquelle aucun avion ne pouvait voler, un étrange objet en forme de poire planait; il était argenté et sa partie la plus allongée était du côté du ciel, la plus large tournée vers la terre. Son immobilité avait quelque chose de menaçant.

— Ce n'est pas un ballon! s'écria un homme qui avait fait la guerre dans l'aviation. Si c'était un ballon, la plus grosse partie serait en haut, et non en bas!

— Parfaitement! renchérit un autre. Et il serait ballotté par le vent. Regardez ces nuages qui passent! Et pourtant cette chose reste immobile!

La petite ville bourdonnait de curiosité et d'inquiétude. Tout là-haut, immobile, indéchiffrable, l'objet énigmatique semblait suspendu. Il ne changeait pas de position, il ne bougeait absolument pas. Le soir tomba lentement, et l'objet semblait être collé à la voûte du ciel. Le soleil se coucha, la lune se leva, et l'objet brilla au clair de lune. Au lever du soleil, le lendemain, il était toujours là. Les travailleurs matinaux regardèrent par leur fenêtre. L'objet semblait s'être installé là pour toujours. Et puis soudain il bougea. Il s'éleva, de plus en plus vite, et disparut dans l'espace.

Je vous l'affirme, il y a des gens venus dans des vaisseaux spatiaux, qui observent notre monde. Ils surveillent la terre, pour voir ce qui se passe. « Alors, me demanderez-vous, pourquoi ne descendent-ils pas pour bavarder avec nous ? Ce serait plus raisonnable ! » Je répondrai qu'ils le sont, justement. Les humains cherchent à les abattre, ils essayent par tous les moyens de chasser ces soucoupes volantes, ou plutôt ces Objets Volants Non Identifiés, et si les passagers des OVNIS sont assez intelligents pour franchir les espaces intersidéraux, ils sont suffisamment évolués pour construire des appareils leur permettant d'écouter la radio terrestre, de voir la télévision terrestre, et s'ils regardent notre télé, il est bien normal qu'ils croient être arrivés au-dessus d'un vaste asile de fous, car que peut-il y avoir de plus insensé que les programmes infligés aux malheureux téléspectateurs ? De plus inimaginable que ces émissions qui glorifient la saleté, ces criminels qui enseignent l'égoïsme, qui font des cours d'éducation sexuelle mal à propos et hors de propos, les gens qui paraissent pour se gargariser de mots ?

Plongeriez-vous dans un aquarium pour vous entretenir avec quelques vers qui gigotent dans le fond ? Pénétreriez-vous dans une fourmilière pour bavarder avec les fourmis, ou avec un insecte, quel qu'il soit ? Visiteriez-vous une serre pour discuter des problèmes de l'heure avec quelques plantes rares, leur demander comment elles vont et leur déclarer : « Conduisez-moi à votre chef » ? Non, bien sûr ! Vous observez, et si une fourmi vous pique vous protestez, et vous prenez bien soin de ne plus jamais vous approcher d'une fourmilière.

Ainsi, les peuples de l'espace, dont les enfants en savent plus à l'âge d'un an que les plus grands savants de la terre, se contentent d'observer cette colonie.

Il y a quelques années, j'habitais Montevideo, la capitale de l'Uruguay, un pays d'Amérique du Sud situé entre l'Argentine et le Brésil. Montevideo se trouve au bord du rio de la Plata et les navires du monde entier, descendant de Rio de Janeiro vers Buenos Aires, font escale dans la rade de Montevideo. De la fenêtre de mon appartement du neuvième étage, je voyais au-delà de l'immense estuaire les eaux de l'Atlantique Sud. Il n'y avait aucun obstacle, rien n'obstruait le panorama.

Toutes les nuits, avec ma famille, j'observais les OVNIS arrivant du pôle Sud qui passaient juste au-dessus de notre immeuble en amorçant leur descente pour aller se poser dans le Mato Grosso, au Brésil. Toutes les nuits, avec une régularité monotone, ces « soùcoupes volantes » apparaissaient. Nous n'étions pas les seuls à les voir, une multitude de gens les observaient et en Argentine elles avaient été officiellement reconnues, sous le nom d'Objets Volants Non Identifiés. Le gouvernement argentin savait très bien que ces objets n'étaient pas le produit d'une imagination enfiévrée, mais qu'ils existaient réellement.

Le jour où nous avons atterri à Buenos Aires, un OVNI arrivait justement, et s'est posé sur une des pistes. Il est resté plusieurs minutes en bout de piste, et puis décolla à une vitesse incroyable. J'ajouterai que le récit de cet événement peut encore se lire dans les journaux de l'époque, mais ce n'est pas une preuve car trop souvent la presse publie n'importe quoi afin d'attirer davantage de lecteurs, et je ne crois pas un mot de ce que je lis dans les quotidiens. Je préfère signaler que l'atterrissage de cet OVNI a fait l'objet d'un rapport officiel du gouvernement argentin.

Ayant vu, nuit après nuit, les arrivées de ces « soucoupes volantes », et comment elles manœuvrent et changent de cap, je puis certifier qu'il ne pouvait absolument pas s'agir de satellites passant dans le ciel. L'heure de passage des satellites est connue, à la seconde près; le temps de passage de ces autres objets était différent, et d'ailleurs nous avons pu aussi voir des satellites. Le ciel de Montevideo est d'une remarquable limpidité, et j'avais un télescope très puissant, du même type que ceux qu'emploient les douanes suisses, qui peut agrandir de quarante à trois cent cinquante fois n'importe quel objet.

Notre monde est donc sous observation, mais nous ne devons pas nous en inquiéter. Il est bien regrettable que tant de gens aient toujours peur de ces peuples de l'espace et imaginent qu'ils veulent nous faire du mal. C'est faux, entièrement faux, ils nous veulent du bien, au contraire. Souvenez-vous que, au cours des millénaires des civilisations, des cultures sont apparues, et ont disparu presque sans laisser de traces. Rappelez-vous Sumer, ou la civilisation minoenne. Qui a jamais pu expliquer les énigmatiques statues de l'île de Pâques? On a écrit beaucoup de livres, mais ils ne sont pas nécessairement véridiques. Ou, si vous voulez un autre exemple, que sait-on du peuple Maya? Qui peut nous dire ce qu'est devenue sa civilisation?

Chacune de ces civilisations était une culture nouvelle, placée sur la terre pour ranimer un peuple en voie d'extinction, je dirais même « dénaturé ».

Il existe aussi un très, très ancien récit, une légende si vous voulez, selon lequel un vaisseau spatial est descendu sur notre terre, il y a des milliers d'années; le vaisseau est tombé en panne, et n'a pas pu décoller. Alors les passagers, des hommes, des femmes et des enfants, se sont installés ici, et ont fondé une nouvelle forme de civilisation.

Nous devons nous féliciter que les livres hébreux de l'Ancien Testament aient été traduits en grec avant le christianisme, car les premiers chrétiens, tout comme ceux d'aujourd'hui, avaient la fâcheuse habitude de tout transformer, et de changer les choses à leur profit. Ainsi, nous pouvons apprendre de nombreux détails sur l'histoire ancienne, grâce à ces livres hébreux que le christianisme n'a pas altérés, mais ils ne nous disent rien sur les Mayas, l'île de Pâques ou les Étrusques. Ces civilisations étaient florissantes plus de 3 000 ans av. J.-C. Nous le savons, car les hiéroglyphes égyptiens remontent au moins à 3 000 av. J.-C., et certains textes, gravés sur les murs des temples ou des tombeaux, nous donnent des indications précieuses sur les premières grandes civilisations. Malheureusement, vers le IIe siècle de notre ère, après le développement du christianisme, toutes ces connaissances ont été perdues parce que les chrétiens ont transformé l'Histoire selon leurs propres besoins, et qu'ils ont fermé les temples égyptiens, si bien qu'il n'existait plus de prêtres instruits capables de déchiffrer les hiéroglyphes. Ainsi, pendant des siècles, l'Histoire est restée dans l'ombre.

Des études plus récentes indiquent qu'il y a plusieurs millénaires, une grande race apparut soudain dans le « pays des deux fleuves ». Ces gens-là, les Sumériens, n'ont pour ainsi dire pas laissé d'archives. Selon le Dossier Akashique, les Jardiniers de la Terre estimèrent que les terriens s'affaiblissaient, que leur race souffrait de consanguinité, et ils placèrent alors sur terre d'autres gens qui devaient aussi s'instruire. C'étaient les Sumériens; une de leurs tribus, presque une famille, devint les Sémites, qui à leur tour donnèrent naissance à la race des premiers Hébreux. Tout cela se passait il y a près de quatre mille ans.

Le royaume de Sumer était très puissant et il apporta à notre terre une vaste culture, spirituelle et scientifique. Certaines branches de la culture sumérienne essaimèrent, et se dispersèrent dans toute la Mésopotamie vers 4000 av. J.-C., où elles se reproduisirent et peuplèrent graduellement tout le pays, en apportant leur culture. Il est intéressant de noter que lorsque Abraham quitta la ville de Ur, en Chaldée, pour aller en Palestine, il y apporta des légendes qui s'étaient transmises de bouche à oreille depuis des milliers d'années. Ses compagnons et lui transmirent ainsi des histoires du jardin d'Éden, qui se trouvait entre le Tigre et l'Euphrate. Cette région avait été la patrie d'innombrables tribus qui avaient émigré, à mesure que la population décroissait, dans tout ce que l'on appelle aujourd'hui le Moyen-Orient. « Éden », au fait, veut dire « plaine ». Le livre de la Genèse n'est en fait qu'un résumé des histoires que s'étaient transmises les peuples de Mésopotamie de siècle en siècle, pendant des millénaires.

Finalement, les civilisations sont absorbées et disparaissent. Ainsi, la civilisation sumérienne, après avoir apporté son levain aux Terriens, fut absorbée et se perdit dans l'immense masse des peuples de la terre. Il en alla de même, dans les diverses parties du monde, d'autres cultures « levain » telles que celles des Étrusques, des Minoens, des Mayas, et des peuples de l'île de Pâques.

Selon les anciennes légendes, les Douze Tribus d'Israël ne représentent pas des peuplades terrestres mais une seule tribu qui est à l'origine de l'homme, et onze cultures successives apportées et placées sur terre pour raffermir la première tribu que la consanguinité avait affaiblie.

Considérons, pour notre propre amusement, diverses races : les Noirs, les Jaunes, les Blancs, et ainsi de suite. A votre avis, à laquelle appartenait le premier habitant de la terre, dont sont descendus les Mayas, les Sumériens, les Étrusques et tant d'autres ? La question est intéressante. Mais elle est inutile car, comme je vous l'ai déjà affirmé et expliqué, si vous consentez à vous entraîner comme je vous l'ai dit, vous pouvez voyager dans l'astral. Et quand vous y parviendrez vous saurez tout ce qui se passe, et tout ce qui s'est passé, grâce au Dossier Akashique. Ce Dossier Akashique n'est pas un spectacle de télévision qui peut être interrompu par une « panne indépendante de notre volonté » ou par la grève d'une « certaine catégorie de personnel ». Là, nous touchons à la vérité pure, à l'exactitude absolue. Nous voyons l'histoire telle qu'elle est, et non récrite pour satisfaire le caprice d'un dictateur qui n'a pas envie par exemple que l'on publie la vérité sur ses débuts dans la vie.

En visitant la salle du Dossier Akashique, vous apprendrez la vérité sur les manuscrits de la mer Morte, ces rouleaux de papyrus découverts en 1947 dans des grottes de la région de Qumran, au bord de la mer Morte. Cette collection de manuscrits appartenait à une certaine secte de Juifs qui, par bien des côtés, ressemblaient aux chrétiens. Ils avaient à leur tête un homme, qu'ils appelaient le Maître de la Voie Juste. On l'appelait aussi le Fils de Dieu, né pour souffrir et pour mourir pour l'humanité. Selon ces manuscrits, il avait été torturé et crucifié, mais reviendrait un jour.

Cela vous rappelle naturellement les Évangiles et vous pensez tout de suite que ces textes concernent le maître de la chrétienté, Jésus. Mais ce Maître de la Voie Juste vivait très longtemps avant l'avènement de Jésus. La preuve est là, les indices sont précis. Les manuscrits de la mer Morte faisaient partie de la bibliothèque de cette secte juive, et, devant la menace de l'occupation romaine, ces juifs ont caché ce qu'ils ont pu sauver de leurs trésors, ces manuscrits.

La science offre divers moyens permettant de déterminer l'âge exact d'un objet ancien ou réputé tel, et ces manuscrits ont été soumis à ces épreuves, notamment le test du carbone 14, qui a révélé sans le moindre doute qu'ils remontent à environ cinq cents ans avant le christianisme. Il est impossible qu'ils aient été écrits après l'avènement de Jésus-Christ. Par conséquent, il serait bon d'étudier d'un peu plus près la Bible et toutes les archives religieuses, parce que la Bible a été traduite et retraduite bien des fois, et les experts eux-mêmes sont souvent étonnés par des textes bibliques qu'ils sont incapables d'interpréter ou d'expliquer. Si l'on pouvait surmonter les préjugés religieux, les parti-pris, et discuter franchement, on parviendrait peut-être à retrouver la vérité, et l'histoire du monde serait enfin véridique. Il y a un moyen d'y parvenir, je le répète, en consultant le Dossier Akashique. Or, vous pouvez le faire aisément, pour peu que vous vous entraîniez sérieusement à voyager dans l'astral; mais si quelqu'un vous dit qu'il ou elle peut aller dans l'astral pour vous et consulter l'Akashique moyennant une certaine somme d'argent, ce quelqu'un est un fumiste, parce que ces choses-là ne se font pas pour de l'argent.

J'espère en avoir assez dit, dans ce chapitre, sur l'apport des extra-terrestres à la civilisation pour vous faire comprendre que les OVNIS sont bien réels et qu'ils ne menacent personne. Les passagers de ces vaisseaux spatiaux sont simplement les Jardiniers de la Terre, qui viennent de temps en temps voir ce qui se passe, comment nous nous comportons, et si leurs visites se sont multipliées depuis une trentaine d'années, c'est parce que l'humanité s'est mise à jouer à l'apprenti sorcier, parce que les hommes ont inventé la bombe atomique et risquent de tout faire sauter.

Que n'a-t-on pas écrit ces derniers temps sur les soucoupes volantes! Et pourtant, elles figuraient déjà dans la mythologie grecque, et on les retrouve dans les livres sacrés de beaucoup de religions. Elles sont mentionnées dans la Bible, et l'on trouve de nombreux récits dans les archives d'anciens monastères, par exemple celui-ci : « Quand les moines arrivèrent au réfectoire à midi, pour prendre leur premier repas de viande depuis de longues semaines, un étrange objet aérien passa au-dessus du couvent et frappa nos frères de panique. »

Les OVNIS sont particulièrement actifs depuis le début de ce siècle parce que l'hostilité entre humains n'a fait qu'augmenter; songez à la Grande Guerre, songez à la Seconde Guerre mondiale au cours de laquelle les pilotes de toutes les nations belligérantes ont vu ce qu'ils appelaient des « chasseurs fous », qui étaient en réalité des vaisseaux spatiaux dont les passagers observaient le déroulement de la bataille! Songez encore aux pilotes de ligne. Peu importe quelle soit sa compagnie, sa nationalité, les pilotes du monde entier ont tous vu d'étranges Objets Volants Non Identifiés, qui les ont souvent effrayés. Ils en ont parlé, longuement, mais dans trop de pays occidentaux la censure s'exerce lourdement et elle étouffe ces informations. D'une certaine façon c'est heureux car la presse, avec sa manie de tout déformer, aurait fait d'une visite inoffensive quelque chose de monstrueux et de terrifiant.

On entend souvent dire : « Si les soucoupes volantes existent, pourquoi les astronomes ne les voient-ils pas? » La réponse est simple : les astronomes en ont vu, en ont photographié, mais encore une fois la censure est là et même les gens les plus influents ont peur de raconter ce qu'ils ont observé, si c'est hors du commun. Ils ont peur aussi de parler, ils craignent d'entrer en conflit avec les autorités qui ont intérêt à ce que l'on ne dise rien. Ils ont peur, parce qu'ils pensent que l'on doutera de leur intégrité professionnelle. De plus, les gens qui n'ont jamais vu d'OVNIS éprouvent une espèce de haine violente pour ceux qui ont eu la chance d'en voir.

Ainsi, les pilotes de ligne, les pilotes militaires ont vu et continueront de voir des OVNIS, mais tant que les gouvernements imbéciles de ce monde n'auront pas radicalement changé d'attitude à ce sujet, nous n'en entendrons jamais parler. Le gouvernement argentin est sans doute le plus éclairé, entre toutes les nations, car il a officiellement reconnu l'existence des OVNIS.

Si les autres pays refusent de laisser diffuser des informations exactes, ils ont pour cela diverses raisons.

Il y a d'abord la foi chrétienne qui veut que l'homme ait été créé à l'image de Dieu, et comme rien ne saurait être plus grand que Dieu, il va de soi que rien ne peut être plus grand que l'homme créé à son image. Donc, si une espèce de créature capable de fabriquer un vaisseau spatial se promène dans l'espace et visite des mondes différents, il ne faut surtout pas en parler au cas où cette créature n'aurait pas forme humaine. Le raisonnement est spécieux, mais un avenir pas tellement lointain y mettra bon ordre.

Et puis il y a la clique militaire, qui ne peut reconnaître l'existence des OVNIS parce qu'elle serait alors forcée d'admettre qu'il y a dans l'univers des êtres plus puissants qu'une clique militaire. Les dictateurs russes, par exemple, n'admettront jamais l'existence des soucoupes volantes, de crainte de démériter aux yeux de leur peuple. Les bons petits communistes pensent que les dirigeants de Moscou sont omnipotents, infaillibles, qu'ils surpassent toutes les merveilles du monde. Alors, si un petit homme vert, haut de cinquante centimètres, était capable de voyager de planète en planète et que toutes les ressources des grands hommes de Moscou se révélaient inopérantes contre lui, il s'ensuivrait que le petit homme vert est plus important que le Kremlin, ce qui est naturellement inconcevable. Donc en Russie il est interdit de parler de soucoupes volantes.

On raconte aussi volontiers que si des OVNIS existaient, les astronautes, cosmonautes ou je ne sais quoi, en auraient vu. Ce raisonnement est faux, naturellement. Ces braves garçons ont fait en quelque sorte un saut de puce au-dessus de la terre, ils sont montés plus haut que le reste des humains, mais c'est tout. La lune n'est pas tellement loin, vous savez. Nier l'existence des OVNIS sous prétexte que les astronautes ne les ont pas vus revient à nier l'existence des poissons parce que en contemplant l'immensité de l'océan on ne les voit pas! On peut voir des hommes frileux assis côte à côte, immobiles pendant des heures, canne à pêche en main, dans l'espoir d'attraper un poisson. Un seul! Et pourtant il y en a des millions dans la mer. Ils ne sont pas faciles à voir, n'est-ce pas, si l'on jette un simple coup d'œil à l'océan? De même, si l'on vous expédie dans l'espace à bord d'une capsule minuscule, avec un tout petit hublot, vous n'avez guère l'occasion de voir défiler tout un cortège de soucoupes volantes. D'abord vous devez vous occuper de vos instruments de contrôle, et ensuite vous ne pouvez voir qu'une infime partie du paysage céleste.

Mais attendez! Si vous avez pu écouter en direct la voix des astronautes parlant à la salle de contrôle, vous les avez certainement entendus faire allusion à des Objets Volants Non Identifiés. Cependant, dans les émissions de radio ou de télévision suivantes, dans les résumés du vol, ces passages ont été soigneusement censurés. Plein d'enthousiasme, l'astronaute avait parlé des OVNIS, et même annoncé qu'il les avait photographiés, et pourtant toutes ces allusions ont été niées par la suite.

Il semble donc que nous soyons victimes d'un complot, d'une espèce de loi du silence dont le but est de dissimuler tous les phénomènes extra-terrestres. Un complot destiné à cacher l'existence très réelle des OVNIS. La presse, les revues pseudo-scientifiques en parlent en termes couverts, pour dire que les soucoupes volantes sont terrifiantes, redoutables, dangereuses, et je ne sais quoi encore. Que leurs passagers ont l'intention de conquérir la terre! N'en croyez pas un traître mot! Si les extra-terrestres avaient voulu conquérir la terre, ce serait fait depuis longtemps. En réalité, ils ont PEUR d'avoir un jour à conquérir la terre (et ils n'en ont nulle envie) si les hommes persistent à jouer avec le feu, c'est-à-dire avec les radiations atomiques.

Ces hommes de l'espace sont les Jardiniers de la Terre. Ils essayent de sauver la terre des peuples terrestres, et ils ont bien du mal!

Les récits donnent des OVNIS des descriptions diverses et nombreuses. C'est bien naturel, il me semble. Il existe bien des formes différentes d'appareils volants, sur la terre. On peut voir des planeurs, on voyait autrefois des monoplans et des biplans. Il existe des avions monoplaces et des Jumbo-Jet où prennent place plus de deux cents passagers. Il y a des ballons sphériques pour ceux qui n'aiment pas le bruit, des dirigeables dont on dit qu'ils vont renaître, des hélicoptères. Ainsi, si une procession de tous ces types d'appareils si divers survolait les coins les plus reculés de la jungle africaine, les indigènes seraient abasourdis et penseraient sans nul doute qu'ils appartiennent à autant de civilisations différentes. De même, sous prétexte que la « soucoupe » observée est ronde, ou en forme de cigare, ou ovale, ou comme un haltère, les personnes mal informées s'imaginent que ces OVNIS doivent certainement venir de différentes planètes. C'est possible, mais cela ne change rien à l'affaire parce que aucune de ces soucoupes n'est belliqueuse, aucune n'est hostile. Elles sont toutes conduites par des gens particulièrement bienveillants.

La plupart de ces OVNIS sont de la même « polarité » que la terre, ce qui leur permet, si leurs passagers le désirent, de se poser sur la surface terrestre ou de plonger sous la mer. Mais il existe un autre type d'OVNIS, qui vient du plan « négatif » et ne peut approcher la terre sans se désintégrer en provoquant une violente explosion, comme un claquement de tonnerre, parce que ces objets viennent d'un monde d'antimatière. C'est-à-dire l'opposé de notre monde à nous. Dans l'univers, toute chose a sa symétrique et son antithèse. Si l'on veut employer des termes sexuels, on pourrait dire que certaines planètes sont mâles, d'autres femelles, que l'une est positive, l'autre négative, ainsi l'une est la matière, l'autre l'antimatière. Alors, quand vous entendez dire que des gens ont entendu une explosion terrifiante, ou vu une boule de feu plonger sur la terre et y creuser un profond cratère, vous saurez qu'un OVNI venant d'un monde d'antimatière est venu chez nous et s'est écrasé.

Certains récits parlent d'actes « hostiles » commis par des passagers de soucoupes volantes. On prétend que des personnes auraient été enlevées. Mais rien ne nous dit que ces personnes en ont souffert.

Imaginez que vous possédiez un zoo, et que vous vouliez examiner un spécimen ; vous l'emportez dans votre laboratoire ; vous l'examinez. Peut-être ferez-vous une prise de sang pour l'analyser, peut-être l'étudierez-vous aux rayons X ; vous le pèserez, vous le mesurerez. Sans nul doute toutes ces manipulations terrifieraient l'animal ignorant qui se demanderait ce qui lui arrive. Mais cet animal, soigneusement remis dans sa cage ou à sa place, n'a vraiment pas souffert d'avoir été pesé et mesuré. Il ne s'en porte pas plus mal. De même, un jardinier peut examiner une plante. Il ne fait pas de mal à cette plante, ni à aucune autre, il n'est pas là pour faire souffrir les fleurs mais pour les aider à pousser, à croître et à embellir. Il examine donc la plante pour savoir comment l'améliorer. C'est précisément ainsi que les Jardiniers de la Terre prélèvent à l'occasion un spécimen, homme ou femme. D'accord ? Ils le mesurent, ils le pèsent, ils font quelques analyses, et puis ils remettent l'être humain à sa place. Et il ne s'en porte pas plus mal. C'est uniquement parce que ces gens sont pris de panique, qu'ils n'ont rien compris à ce qui leur arrivait, qu'ils s'imaginent avoir souffert. Généralement, ils sont si terrifiés qu'ils racontent les histoires les plus invraisemblables et inventent des aventures extravagantes, alors qu'en réalité il ne leur est rien arrivé de bien extraordinaire.

Notre monde est observé, il est observé depuis des millénaires, il l'était déjà alors que les dinosaures galopaient à la surface de la terre. Notre planète est observée, et elle le sera longtemps encore, jusqu'à ce que les extra-terrestres débarquent chez nous. Ils ne viendront pas en bourreaux, ni en esclavagistes, mais en maîtres et guides bienveillants.

De nos jours, certains pays envoient des missionnaires dans les pays qu'ils jugent sous-développés. Ces missionnaires, qui sont souvent assoiffés de sensations nouvelles ou ne trouvent pas ailleurs d'autre emploi, vont dans les jungles et enseignent à des « sauvages » des choses dont ces derniers n'ont que faire. Des choses qui leur donnent des idées fausses, des valeurs fausses. On leur montre peut-être un film représentant le merveilleux palais d'une vedette de Hollywood, et ils s'imaginent que s'ils deviennent chrétiens, ou quelle que soit la religion du missionnaire, ils pourront à leur tour vivre dans un édifice aussi admirable, avec piscine dans le jardin et danseuses nues dans le salon.

Quand les extra-terrestres viendront ici, ils ne se comporteront pas du tout de cette façon. Ils nous montreront par l'exemple ce que nous devons faire, ils nous feront comprendre que les guerres sont inutiles, ils nous enseigneront la véritable religion dont le credo est : « Ne faites pas aux autres ce que vous ne voudriez pas qu'on vous fît. »

Bientôt, il faudra que les gouvernements du monde entier publient la vérité sur les OVNIS, et parlent des visiteurs de l'espace. Ils savent qu'ils existent, ils savent qu'ils sont là, mais ils ont peur de le faire savoir aux populations. Mais plus vite ils se décideront à dire la vérité au peuple, plus vite il sera possible de s'adapter, de se préparer, afin d'éviter des incidents regrettables lorsque nos Jardiniers reviendront sur notre terre.

Beaucoup de gens, aussi, m'écrivent pour me parler de ce qu'ils appellent les « Hommes en noir ». C'est une licence journalistique. Cela signifie simplement qu'il y a ici, sur notre planète, des extra-terrestres qui observent, prennent des notes et tirent des plans. Ils ne sont pas là pour nous faire du mal, mais pour obtenir le plus de renseignements possible, afin de mieux aider les peuples de la terre. Malheureusement, trop de Terriens réagissent comme des animaux enragés, et, s'ils croient être attaqués, deviennent fous furieux. Si l'un de ces « Hommes en noir » (qui peut s'habiller tout autrement et de n'importe quelle couleur) est attaqué, il doit tout naturellement se défendre. Mais son geste de défense est trop souvent déformé pour faire croire qu'il a attaqué le premier, alors que c'est impossible.

Il existe des OVNIS de types différents. Ces « soucoupes » ont des formes diverses, leurs passagers sont de forme ou de taille variée, mais ils ont une chose en commun : ils ont vécu longtemps, bien plus longtemps que les peuples de la terre, et ils ont beaucoup appris. Ils ont appris que la guerre est puérile. Ils ont appris qu'il vaut beaucoup mieux s'entendre, sans se disputer. Ils ont appris que la terre est apparemment devenue folle, et ils veulent faire quelque chose pour essayer de guérir les Terriens et leur rendre la raison, pour faire cesser les radiations atomiques excessives. Et s'ils n'y parviennent pas, si leurs mesures pacifiques n'ont aucun effet, la terre sera mise en quarantaine pour des siècles à venir, et cela interrompra le développement spirituel de l'humanité.

Pour conclure, donc, ne craignez pas les OVNIS,

car vous n'avez aucune raison d'en avoir peur. Ouvrez au contraire votre esprit, dites-vous que très bientôt les peuples de notre planète recevront la visite d'extra-terrestres qui ne seront pas belliqueux mais qui viendront nous aider, comme nous devrions nous aider les uns les autres.

5

Si vous pouviez lire les lettres que je reçois, vous vous diriez que les lecteurs sont vraiment de drôles de gens! Pas VOUS, bien sûr, mais tous les autres, ou plutôt la majorité des autres car il y en a, heureusement, qui sont tout à fait charmants.

Le plus souvent, on me répète que je devrais offrir gratuitement mes livres aux bibliothèques. Des gens m'écrivent pour affirmer qu'ils n'ont pas les moyens d'acheter mes ouvrages en livre de poche, et qu'ils ne peuvent les lire que s'ils les trouvent gratuitement dans les bibliothèques publiques.

Je vous avouerai que cela ne me séduit guère. Un écrivain gagne sa vie grâce à ses droits d'auteur. Si j'écris un livre, je touche un pourcentage sur les bénéfices, dix pour cent dans certains pays, sept pour cent ailleurs, toujours calculé au prix le plus bas. Si un livre est envoyé d'Angleterre — où il est à très bon marché — aux États-Unis où il faut ajouter le prix du transport, etc., je ne touche pas de droits sur le tarif plus élevé. Ces droits sont calculés après que l'éditeur a déduit ses frais de publication et d'impression. Je dois aussi payer un pourcentage à des agents littéraires, et sur mes dix pour cent je dois parfois déduire vingt pour cent pour l'agent. Et puis, il y a les impôts et il est fréquent que les écrivains soient imposés deux fois, dans leur pays d'origine, et dans le pays où le livre est édité. Je puis vous assurer qu'il ne reste plus grand-chose à l'auteur.

De plus, je dois payer de ma poche mon papier, les enveloppes, les timbres. Permettez-moi de vous rappeler aussi que l'écrivain qui répond aux lettres reçues du monde entier ne s'y retrouve pas. Un cantonier qui creuse un trou ou casse des cailloux est payé pour son travail, pour son temps. Un avocat est payé, un médecin aussi. Mais les gens écrivent à un auteur pour demander ceci ou cela, pour réclamer une réponse ou un don, et neuf fois sur dix ils ne songent même pas à mettre un timbre pour la réponse. S'ils y pensent, ces timbres sont inutilisables. Par exemple, des correspondants des États-Unis qui envoient des enveloppes timbrées oublient qu'elles ne peuvent servir dans un autre pays, comme le Canada. Que faire, alors? Payer le papier à lettres, l'impression de l'en-tête? Certaines réponses doivent être tapées à la machine, et cela coûte de l'argent. Les gens s'attendent à tout recevoir pour rien. J'ai même reçu une lettre d'un homme me disant qu'il avait acheté tous mes livres et qu'il avait par conséquent le droit de me réclamer toutes sortes de services.

Il arrive parfois des incidents amusants. L'attitude d'un petit groupe habitant Adélaïde, en Australie, m'a fait bien rire. Je les appelle les « Gorilles d'Adélaïde ». Il s'agit d'une équipe qui semble avoir des ennuis avec la police. Une personne m'a écrit, pour me révéler certaines choses sous le sceau du secret et pour me demander si je pouvais recommander, patronner ces gens. Je répondis aussitôt qu'il n'en était pas question. Depuis lors, j'ai reçu des dizaines de lettres d'injures de ce groupe, dont une sur dix au moins se termine par ces mots : « Je romps toutes relations avec vous », ce qui est assez drôle puisque nous n'avons jamais eu de relations.

On m'a appris que ces gens exigent de tous leurs nouveaux adeptes (les malheureux!) qu'ils mettent un nom, n'importe lequel, sur un formulaire et qu'ils me l'envoient. Ma foi, c'est excellent pour les services postaux, et aussi pour la police, puisque je renvoie toutes les lettres à la police d'Adélaïde afin que là-bas on puisse constituer un dossier sur le groupe. La police m'a d'ailleurs averti qu'elle enquêtait sur mes correspondants. J'attends avec intérêt la suite des événements. Alors, chers Gorilles d'Adélaïde, je vous envoie mon bon souvenir.

Un monsieur de Vancouver a écrit à un de ses amis (qui s'est empressé de m'en informer) que « Lobsang Rampa ne pouvait être sincère parce que dans un de ses livres il affirme ne pas aimer les percepteurs irlandais »!

Une brave dame, également de Vancouver, ayant appris que j'étais pauvre, très pauvre, a promptement répliqué que je devais certainement être un fumiste parce que si ce que j'enseignais était vrai je serais milliardaire. La malheureuse ne peut sans doute imaginer qu'il y a au monde des choses plus précieuses que l'or et les diamants. Elle se trompe lourdement, car une personne qui veut sincèrement aider son prochain grâce à l'occultisme ne fait jamais payer ses services, elle ne songe pas à faire du commerce. Si les personnes qu'elle a aidées veulent lui faire un don, en remerciement, eh bien, c'est très acceptable, mais ceux-là sont aussi rares que du beurre en broche.

Il y a cependant des compensations, des gens qui écrivent des choses charmantes. Un de mes correspondants m'apprend qu'un célèbre « voyant » a déclaré publiquement que « Lobsang Rampa a fait davantage pour le monde occulte qu'aucune autre personne de cet univers ». C'est un joli compliment, non ? Je l'ai beaucoup apprécié parce que, quoi que certains en pensent, je m'efforce d'accomplir ma mission secourable de mon mieux en enseignant aux autres ce qu'ils peuvent attendre de la vie actuelle et de leurs vies futures.

Oui, vraiment, il y a des compensations, et des gens charmants. Il y a plus de dix ans, quand je suis arrivé au Canada, j'ai reçu la lettre d'une femme et, grâce à la psychométrie, j'ai pu estimer qu'elle était bonne et sincère. Elle demandait à venir me voir. A cette époque j'avais une automobile — à présent je n'ai qu'un fauteuil roulant, je n'ai pas les moyens d'entretenir une voiture — et j'ai décidé d'aller chez elle pour lui faire une surprise. Je ne l'ai pas regretté ; Mme Valeria Sorock était charmante. Depuis dix ans, nous sommes restés de grands amis, au point qu'elle fait maintenant partie de notre famille. Elle m'écrit souvent, et nous nous rencontrons tout aussi souvent ; elle est venue nous rendre visite au Canada, et même à Montevideo, en Uruguay.

La nuit dernière j'ai reçu un coup de téléphone de Mme Valeria Sorock, un appel longue distance car elle ne pouvait écrire, les postiers du Canada étant en grève. Elle m'a dit que, puisque je commençais un nouvel ouvrage, elle aimerait que je réponde à certaines questions. Je les ai notées, et je lui ai promis qu'elle trouverait les réponses dans ce livre si elle acceptait que je cite son nom.

Sa première question était la suivante : « Comment peut-on surmonter la peur ? »

La peur ? Vous devez avant tout savoir de quoi vous avez peur. Craignez-vous l'inconnu ? Que craignez-vous ? Tant que vous ne le saurez pas exactement, vous ne pouvez rien y faire. La peur est une chose atroce, honteuse, douloureuse, la peur empêche de progresser. Comment surmonter la peur ? Le meilleur moyen est d'identifier avec précision la cause de votre peur. Réfléchissez, examinez-la sous tous ses angles. Que se passe-t-il ? En quoi êtes-vous affecté ? De quoi avez-vous peur au juste ? D'une blessure physique ? D'un ennui financier ? Cela aura-t-il encore de l'importance dans cinquante ans ?

Si vous analysez avec soin vos sentiments, si vous étudiez le sujet en profondeur, vous finirez certainement par comprendre que vous n'avez aucune raison d'avoir peur. Jamais encore je n'ai trouvé quoi que ce soit qui puisse faire peur une fois que l'on a bien étudié la question.

Craignez-vous la police, ou votre vieil ennemi le percepteur ? Craignez-vous les êtres du monde astral ? Les choses inconnues ? Je puis vous affirmer que c'est inutile, parce que si vous analysez l'objet, l'état ou les circonstances, vous serez obligé de constater que toutes ces choses sont bien inoffensives.

Craignez-vous la pauvreté ? De quoi avez-vous peur, au juste ? Du « squelette » dans votre placard ? Alors tirez-le au grand jour, époussetez les toiles d'araignées et considérez franchement le problème sous tous ses aspects. Vous vous apercevrez que la peur se dissipe, et rappelez-vous bien que si vous n'avez pas peur, rien ne peut vous faire de mal, ni dans ce monde ni dans les autres. Et croyez-moi quand je vous dis que les êtres des autres mondes sont beaucoup moins mauvais que les hommes de la terre.

Nous en venons maintenant à la deuxième question : « Comment peut-on savoir si l'on a bien agi ? »

Toutes les personnes, toutes les entités de ce monde et des autres sont équipées d'un système de « censure », une partie de l'esprit qui leur dit si elles agissent bien ou mal. Si une personne s'enivre ou se drogue, le censeur est incapable de fonctionner, et la conduite de l'ivrogne ou du drogué peut être vraiment très répréhensible, et bien pire que si le censeur personnel marchait.

Rien n'est plus simple que de savoir si l'on agit bien. On se sent heureux. Si l'on fait le mal, alors on éprouve un malaise, on sent que les choses ne sont pas comme elles devraient être. Le meilleur moyen de savoir si l'on fait le bien ou le mal est de pratiquer la méditation. En vous enveloppant dans votre robe de méditation, vous vous isolez du reste du monde ; votre forme astrale se dégage des influences extérieures et peut vous apporter les lumières de votre Sur-moi. Si vous méditez, votre Sur-moi vous confirme votre bonne ou mauvaise conduite; ce n'est pas une masse de protoplasme qui vous donne des idées. Je vous le dis sincèrement, si vous êtes dans le doute, méditez et vous connaîtrez la vérité.

Chère Mme Sorock, vous m'avez vraiment posé une colle! Vous me demandez : « Comment peut-on développer ses facultés de perception extra-sensorielle? »

Malheureusement, la plupart des gens n'y parviennent jamais. Tout comme certaines personnes sont incapables de peindre un tableau, ou de chanter sans qu'on les prie immédiatement de se taire! Beaucoup de gens ne parviendront jamais à avoir des pouvoirs extra-sensoriels parce qu'ils sont tout simplement persuadés que les P.E.S. ne sont pas pour eux. Cependant, si l'on veut bien se donner un peu de mal, c'est facile. Normalement, vous ne pouvez espérer arriver à tout d'un seul coup : la télékinésie, la télépathie, la clairvoyance, la clairaudience, la psychométrie et tout le reste. Si vous vous êtes entraîné à la P.E.S. dès l'âge de sept ans, alors vous y parviendrez.

Supposons que vous soyez novice; dans ce cas vous choisissez par exemple de commencer par la psychométrie. Vous avez hâte de l'apprendre. Mais il faut s'exercer, tout comme lorsqu'on veut apprendre à jouer du piano on fait des gammes, jour après jour. Et même lorsqu'on est devenu un grand pianiste, il faut continuer de faire des gammes.

Revenons-en à la psychométrie. Pendant une semaine ou deux, contentez-vous de vous répéter, de façon positive, que vous allez certainement devenir un as en psychométrie (ou clairvoyance, ou clairaudience, quelle que soit la discipline que vous ayez choisie). Vous imaginez que vous posez la main, généralement la gauche, sur un objet, et vous imaginez que vous recevez une image ou une impression nette de cet objet.

Pendant une quinzaine de jours, donc, vous vous répétez que vous allez faire cela, que vous allez réussir. Au bout de ce temps, un matin, vous attendez que le facteur soit passé, vous prenez une des lettres qu'il vient d'apporter et vous posez dessus votre main gauche... sans ouvrir l'enveloppe, bien sûr. Posez simplement votre main gauche dessus. Fermez les yeux, détendez-vous, asseyez-vous confortablement. Imaginez (plus tard cela deviendra une réalité) que vous sentez une bizarre influence montant de cette enveloppe, qui vous chatouille la paume de la main.

A ce moment, vous devriez vraiment ressentir quelque chose dans votre main gauche. Alors essayez de faire le vide dans votre esprit, d'examiner cette sensation. Au début, cette impression sera rudimentaire. Vous serez sans doute capable de distinguer si la lettre est bonne ou mauvaise, amicale ou hostile. Alors ouvrez l'enveloppe, lisez, et voyez si votre impression ne vous a pas trompé. Si vous avez eu raison, dès cette première fois, vous ferez des progrès rapides, parce que rien ne réussit mieux que le succès.

Ce premier jour, n'allez pas plus loin. Le lendemain, faites la même expérience avec deux ou trois lettres, ou si vous préférez n'en prenez qu'une seule mais cherchez à savoir ce qu'elle vous dit. Essayez de le « sentir ». Persévérez, et quand vous aurez réussi vous pourrez passer à des choses plus importantes.

Lorsque vous serez devenu expert en psychométrie (cela ne demande que de la pratique), vous parviendrez à imaginer, ou même à voir réellement, la personne qui a écrit la lettre et vous pourrez lire son contenu sans ouvrir l'enveloppe. C'est très simple, cela ne demande qu'un peu d'entraînement. C'est un peu comme la dactylographie; si vous regardez le clavier, vous ne ferez jamais de progrès. Il faut apprendre à taper sans regarder les touches, et lorsque vous arriverez à écrire plusieurs lignes sans fautes, vous prendrez de l'assurance et vous taperez plus vite. En psychométrie, chacune de vos impressions correctes ou justes vous donnera plus d'assurance, et elles deviendront de plus en plus précises, de plus en plus détaillées. C'est un travail ardu, je le reconnais, et il ne faut jamais cesser de s'entraîner. Au début, vous devez être parfaitement seul parce que s'il y a autour de vous une foule d'amis ou de parents bavardant comme des perroquets, vous ne pourrez vous concentrer et vous n'arriverez à rien. Alors entraînez-vous, faites vos « gammes », entraînez-vous dans la solitude jusqu'à ce que vous ayez réussi. Et quand vous serez devenu expert vous pourrez « lire » une lettre avec vos mains, avec vos pieds, et même vous asseoir dessus pour savoir ce qu'elle contient!

Revenons-en à Mme Sorock et à sa dernière question : « Comment peut-on être certain que les leçons ont été bien apprises et qu'il n'est pas besoin de repartir de zéro ? »

Croyez-moi, quand vous SENTEZ que vous avez

compris une leçon, elle a été bien apprise. Rappelez-vous que lorsque vous quitterez ce monde, vous renoncerez à tout votre argent, vous laisserez derrière vous tous vos vêtements, et aussi ce corps physique aux basses vibrations. Mais vous emporterez quelque chose de beaucoup plus précieux que votre compte en banque, toutes les bonnes connaissances que vous aurez acquises. Si vous avez appris ne fût-ce qu'une leçon ou deux, c'est cela que vous emporterez avec vous, et vous en recevrez les bienfaits dans l'au-delà. Supposons que vous ayez des difficultés avec un certain individu ; vous mettez au point un plan d'action pour le ramener à la raison. Et puis, lorsque le moment vient de mettre votre plan à exécution, vous faiblissez, vous battez en retraite. Cela provoque un effet négatif, c'est un mauvais point pour vous. Si vous avez décidé de faire telle ou telle chose que vous croyez juste, alors vous devez à tout prix la mettre à exécution, à condition qu'elle soit juste. Si vous commencez puis reculez, alors l'action devient négative, elle agit comme une barrière, et devient un obstacle qui devra plus tard être surmonté.

Mais je dois répondre à votre question, comment s'assurer que l'on a assez bien appris ses leçons pour ne pas avoir à recommencer de zéro. Décidez d'abord d'un plan d'action que vous jugez bon et, cette décision prise, ne vous laissez pas distraire un instant de votre but. Ainsi vous agirez bien, et vous n'aurez pas besoin de revenir pour reprendre vos études dès le début.

Vous pouvez aussi mettre en pratique la loi éternelle : « Ne faites pas aux autres ce que vous ne voudriez pas qu'on vous fît. » Vous aurez ainsi appris la plus importante des leçons, et vous n'aurez jamais à revenir pour repartir de zéro.

Si vous voulez, nous allons dire au revoir à Mme Valeria Sorock après avoir répondu à ses questions, et nous tourner vers d'autres sujets.

Des questions, des questions, toujours des questions ! Alors, quelle est la suivante ?

« Vous parlez dans vos livres de deux chats siamois, Ku'ei et Fifi. Que sont-ils devenus ? »

La princesse Ku'ei n'est plus de notre monde. Elle se portait très bien, mais par malheur je fus victime d'une agression totalement injustifiée et terriblement hostile de la presse, et la princesse Ku'ei qui, comme moi, avait eu une vie difficile, n'a pas pu supporter ces nouveaux malheurs ni cette persécution. Ainsi ma princesse a préféré quitter cette terre. Je lui rends visite dans l'astral, et elle vient me voir. Madame Fifi Moustaches Grises nous a quittés aussi, mais elle était très âgée et aveugle. Elle avait beaucoup souffert de la méchanceté des hommes. A présent, elle n'est plus handicapée, car elle y voit. Elle a gardé son bon caractère, et toute sa douceur ; je vais aussi lui rendre visite dans l'astral. Mes deux chattes sont représentées en quelque sorte sur cette terre par Miss Cléopâtre, siamoise aussi, et je dois dire que c'est l'animal le plus intelligent que j'aie jamais connu. Si l'on calculait des quotients d'intelligence pour nos frères dits inférieurs, nul doute que le QI de Miss Cléopâtre serait très élevé. Elle est brillante. L'autre

« représentante » s'appelle Miss Tadalinka ; c'est une siamoise bleue. Elle est d'une gentillesse exceptionnelle, et presque maternelle. Le soir, elle vient dans ma chambre et veille sur moi. Toutes deux sont les meilleures des compagnes durant les longues heures d'insomnie.

Ne croyez surtout jamais que les humains soient supérieurs aux animaux car ces deux-là, Cléopâtre et Tadalinka, ont des personnalités qui, chez les humains, leur vaudraient l'auréole de la sainteté, je le dis très sincèrement.

Une autre personne m'écrit : « Dans un de vos livres vous insinuez que la religion chrétienne est en pleine décadence, et qu'il y aura bientôt de gros problèmes au Vatican. Ne pensez-vous donc pas que le christianisme soit capable de tout conquérir ? »

Ce n'est pas ce que je pense qui est intéressant, ce n'est pas là la question. Ce qui importe, c'est ce que l'on peut lire dans les probabilités du Dossier Akashique. Et ce dossier affirme que la religion chrétienne va disparaître. Déjà les chrétiens (je suis bouddhiste !) racontent que Dieu est mort, ou que Dieu se désintéresse de nous, et autres sottises. Mais Dieu est Dieu, quel que soit le nom qu'on lui prête. Il existe un Être Suprême, quel que soit son nom.

Le grand drame du christianisme, c'est que les protestants luttent contre les catholiques, et que les catholiques luttent contre toutes les autres religions, et qu'ils sont tous absolument certains que nul ne peut mériter le ciel sans passer par leur Église personnelle. Le dossier des probabilités affirme que bientôt la religion chrétienne disparaîtra et qu'une nouvelle religion apparaîtra. Bien des gens s'imaginent que la religion chrétienne est celle qui rassemble sur le globe le plus de fidèles. C'est une sottise, un mensonge qu'il est facile de réfuter en allant dans n'importe quelle bibliothèque municipale pour consulter un atlas donnant le nombre de fidèles de chaque religion.

Le christianisme disparaîtra donc et sera remplacé par une nouvelle religion, absolument neuve, dont les prêtres, au moins la plupart d'entre eux, comprendront beaucoup mieux le peuple que les prêtres chrétiens actuels qui ont une peur bleue de discuter des moindres choses et qui ne savent parler qu'en lieux communs ou en paraboles. Il est facile pour un prêtre dont le revenu est assuré de dire à un malheureux : « Dieu y pourvoira. » Mais pour le pauvre, la vie n'est pas aussi facile. La prochaine religion nous apportera de très grandes améliorations. Il était temps, ne trouvez-vous pas ?

Soit dit en passant, et mes propos n'engagent que moi, l'Armée du Salut me fait beaucoup rire; au début, ces gens aidaient certainement les pauvres, mais les choses semblent avoir bien changé, à mon avis, et j'en parle par expérience. De nos jours, nous avons un tas d'hommes et de femmes mesquins qui ne sont que des hypocrites, et traitent les miséreux avec condescendance. Je ne parle pas par ouï-dire, car j'ai été moi-même un de ces miséreux, je sais ce que c'est que d'être obligé de vivre pendant quelque temps dans un asile de l'Armée du Salut et d'être mené à la baguette par un petit bonhomme ridicule. Je sais ce que c'est que d'entendre une espèce de sergent-chef glapir : « Chantez! Faites vos prières! Chantez vos cantiques si vous voulez avoir votre soupe! » Il y a de nombreuses années, je le répète, l'Armée du Salut faisait beaucoup pour les pauvres, mais depuis un quart de siècle elle semble s'être tellement transformée qu'il serait grand temps d'envoyer tous ces salutistes-là casser des cailloux sur les routes, pour qu'ils sachent un peu à quoi ressemble le revers de la médaille. Ceci est mon opinion tout à fait personnelle, fondée sur mes expériences également personnelles et souvent douloureuses de l'Armée du Salut.

Cette allusion à une armée, bonne ou mauvaise, nous amène tout naturellement à la question suivante : « Qu'est-ce qui ne va pas sur notre terre? Pourquoi avons-nous échoué, comment? Pourquoi y a-t-il tant de dissentiments, tant de guerres? Pouvez-vous nous l'expliquer? »

Oui, je le crois. Je pense que l'explication est toute simple : il n'y a plus de discipline. La discipline fait la force des armées, chacun le sait. Et quand il n'y a plus de discipline, l'armée devient une horde, un ramassis de voyous. Mais examinons de plus près cette question.

Chaque personne, chaque communauté, fût-elle hameau, village, ville ou pays, nation ou planète, peut choisir entre la bonne et la mauvaise voie. C'est un peu comme un examen perpétuel. Les peuples connaissent-ils les réponses, les solutions ? Peuvent-ils prendre la bonne décision, faire le choix juste ? Sont-ils capable de choisir la bonne voie ?

Il est regrettable de constater que, au lieu de lutter contre l'ère de Kali avec son cortège d'horreurs et de frustrations, au lieu d'éviter au monde tant de malheurs, la malheureuse terre a choisi la mauvaise voie. Aussi aujourd'hui les hommes subissent-ils la loi redoutable de Kali.

Voici comment tout a commencé. En 1914, la Grande Guerre a éclaté. Tous les hommes furent envoyés au front et, par la faute de marchands de canons avaricieux, les femmes furent obligées, de gré ou de force, de se couper les cheveux, d'enfiler des pantalons et de travailler en usine, pour prendre la place des ouvriers mobilisés. Les femmes travaillèrent, et bientôt elles réclamèrent ce qu'elles appelaient l'égalité avec les hommes. Quel non-sens grotesque ! Les hommes et les femmes sont différents. Jamais un homme n'a mis un enfant au monde, jamais une femme n'a fécondé une autre femme. Ils sont tout à fait différents. L'homme et la femme ont chacun été créés dans un but précis, ils ont chacun leur rôle à jouer dans l'évolution du monde, dans la vie. Le travail de la femme est sans doute beaucoup plus important et l'égalité qu'elles réclament, elles l'ont toujours eue. La mission primordiale de la femme est de veiller sur la famille, d'apprendre aux enfants à devenir de bons citoyens, des hommes ou des femmes honnêtes. Quand la femme était au foyer et s'occupait de sa famille, le monde était plus heureux, il y avait moins de crimes, moins de troubles, moins de grèves, moins d'émeutes. Les femmes restaient chez elles, veillaient à la discipline du foyer, et transmettaient à leurs descendants cet esprit de discipline qui fait la force des nations.

Mais quand les femmes allèrent travailler dans les usines, quand elles devinrent vendeuses de magasins, conduisirent des autobus, firent en somme tout le travail des hommes, que se passa-t-il? Les enfants furent abandonnés à eux-mêmes, les plus petits qui pouvaient à peine marcher jouaient dans les rues, les grands s'alimentaient comme ils pouvaient au hasard des pubs ou des bistrots, et imposaient leur loi aux plus jeunes. Comme toujours, les plus mauvais éléments prirent le dessus et bientôt les enfants formèrent des bandes, comme des loups. Maintenant plus personne ne respecte la loi ni l'ordre. Un agent de police est un objet de dérision. Les enfants volent, mentent, jouent et leur précocité sexuelle affolante vous pousse à vous demander ce qui va encore arriver.

Les parents n'ont plus aucune autorité sur leurs enfants. Les enfants sortent le soir, ils font ce qu'ils veulent, ils rentrent à n'importe quelle heure, ils ne rendent de comptes à personne. Ils se moquent de leurs maîtres, de leurs professeurs, ils n'ont que faire de l'autorité, ils se conduisent comme des enragés. Et quand ils deviennent des hommes, ils se font gangsters ou assassins. Toute réflexion faite, je pense que tout cela est la faute des parents, qui négligent l'éducation de leurs enfants parce qu'ils sont trop occupés à gagner de l'argent, encore de l'argent, toujours plus d'argent. Le mari et la femme travaillent, et les gosses, l'avenir de la race, sont livrés à eux-mêmes.

Comme le mari et la femme travaillent, l'argent entre dans la maison, alors les fabricants embauchent des équipes supplémentaires, pour fournir plus de marchandises encore afin d'absorber tout cet argent. Les biens de consommation sont conçus de manière à ne durer qu'un certain temps, ou bien des publicités mensongères affirment au public qu'il est absolument indispensable de posséder ceci ou cela pour être « dans le vent ». D'année en année, les modèles des automobiles changent, mais uniquement dans le détail; on les transforme un peu, pour que le modèle de l'an passé soit démodé. Pourtant, c'est toujours le même moteur, qui n'a vraiment pas progressé. De nos jours, les gens n'ont qu'un seul souci, surpasser le voisin, avoir une plus belle voiture, un appartement plus luxueux, une résidence secondaire de plus.

Le monde est pris de folie, uniquement parce que les hommes et les femmes veulent presser leur pays comme un citron. Chez nous, au Canada, un membre de je ne sais quel syndicat qui organise une grève et gêne ainsi considérablement la population, pour réclamer une augmentation de trente pour cent de salaires déjà très généreux, est passé à la télévision et a eu le toupet de déclarer (en des termes d'une singulière vulgarité) que le pays était comme un citron et que les syndicats allaient extraire la dernière goutte de son jus. Tant que cette attitude prévaudra, il n'y aura guère d'espoir pour l'humanité.

La seule chose qui puisse sauver aujourd'hui le monde, c'est un retour à la raison, un retour aux coutumes immuables. Le monde n'a plus de religion. Tant de religions luttent constamment entre elles!

Il ne devrait par exemple y avoir qu'un seul christianisme. Mais l'Église d'Angleterre et l'Église de Rome estiment avoir remporté une immense victoire quand elles peuvent simplement s'adresser la parole poliment. Ils sont tous chrétiens, pourtant, protestants et catholiques! Alors pourquoi traitent-ils les fidèles des autres sectes comme des criminels, comme des êtres voués à l'enfer? Quelle importance si des personnes sont juives, chrétiennes, bouddhistes ou hindoues? Toutes croient à leur propre forme de religion, n'est-ce pas? En tant que telle, chaque forme de religion mérite le respect. Pour moi, le monde catholique ressemble beaucoup au communisme. Les communistes s'efforcent d'imposer leurs croyances à tout le monde, sans se soucier des désirs des autres. Les catholiques aussi veulent imposer de force leur religion à tous, sans s'occuper de ce que les autres veulent, en les menaçant des foudres de l'enfer, de la damnation éternelle, et toutes ces imbécillités. Croyez-moi quand je vous affirme que l'enfer n'existe pas, croyez-moi quand je vous dis que toutes les routes mènent au même foyer. Quelle que soit votre religion, vous devez mourir un jour. Vous mourrez si vous n'avez aucune religion, tout comme le pape lui-même.

Une seule chose importe : avez-vous vécu selon vos croyances, votre foi personnelle? Dans l'au-delà, vous ne trouverez pas de prêtre bien nourri pour vous absoudre de vos péchés. Il ne sera pas là pour endosser vos responsabilités. Vous serez seul, livré à vous-même, comme vous l'êtes dans la vie. C'est vous qui êtes responsable de ce que vous faites et de ce que vous omettez de faire, et vous n'avez de comptes à rendre qu'à vous-même et non à un juge vindicatif qui va vous condamner à une éternité d'enfer. Non! Cela n'existe pas! Soyez votre propre critique, et croyez-moi, vous serez le critique le plus sévère de vos actions.

Tout le monde, cependant, a une chance de rédemption, une autre chance, et une autre encore. Mais nous nous écartons du sujet.

Nous avons besoin de discipline spirituelle. Une religion, n'importe laquelle, est indispensable, pour inculquer la discipline spirituelle, à condition que les grands prêtres de ces religions ne se battent pas entre eux. A notre époque, aucune religion n'accomplit sa mission; ainsi, dans bien peu de temps, toutes les religions disparaîtront de la terre comme des ombres dans la nuit et une nouvelle foi apparaîtra qui aidera les peuples à surgir des ténèbres et les tirera de la misère spirituelle dans laquelle ils sont aujourd'hui plongés.

Mais cette heure n'est pas encore venue. La dernière bataille n'est pas pour demain.

D'abord, le monde entier deviendra la proie d'une nouvelle forme de communisme, sans rapport avec le communisme de la Chine où même les voitures et les pendules marchent, en principe, grâce aux illustres pensées du président Mao Tsé-toung; où, apparemment, si une personne souffre de quelque obstruction intestinale, elle n'a qu'à penser à ce cher vieux Mao pour être guérie comme par miracle.

La terre, donc, est promise à bien des malheurs,

je vous le dis franchement. Tout sera englobé dans cette forme de communisme. Les gens perdront leur nom, leur identité, on leur attribuera un numéro. Toutes ces grèves vont faire monter les prix de façon astronomique. Les syndicats ont de plus en plus de pouvoir, et le jour viendra où ils prendront la relève des gouvernements avec leurs armées personnelles d'ouvriers moutonniers; un pas de plus sera fait vers la ruine totale de la terre. Éventuellement les grands patrons de la presse, comme les voleurs de grands chemins de jadis, mobiliseront leurs armées de travailleurs du livre et descendront plus bas encore dans leurs attaques contre les individus, attaques qu'il est déjà bien difficile de repousser aujourd'hui alors que le premier petit reporter venu peut écrire n'importe quoi sur quelqu'un sans que la personne attaquée ait la moindre possibilité de se défendre. Ce n'est pas juste. C'est ce type de personne sous-humaine qui gouverne aujourd'hui la terre et qui l'abaissera de plus en plus. Jusqu'au jour où, ayant atteint le fond de l'horreur de cet Age de Kali, l'esprit invincible qui vit encore chez certains se révoltera contre la honte de la terre, et se ranimera pour la forcer à se relever; mais peut-être les peuples terrestres auront-ils besoin du secours des extra-terrestres, les Jardiniers de la Terre.

Nous vivons l'ère de l'assassinat. Un grand chef religieux, Martin Luther King, a été assassiné. Il était bon, il avait beaucoup de choses à donner à cette terre. Quant aux autres, ils n'étaient guère que des hommes politiques et (je ne voudrais cependant blesser personne!) l'Histoire prouvera qu'ils n'étaient que des nains transformés en géants par la puissance effroyable de leur système de publicité, une machine à réclame qui faisait beaucoup de vent et soufflait les nains comme des ballons pour en faire des géants, tout comme l'on peut prendre un soldat de plomb et placer derrière lui une source de lumière pour faire apparaître son ombre gigantesque. Mais l'ombre du soldat de plomb n'est qu'une ombre, sans substance, sans réalité, et vite oubliée. Martin Luther King n'était pas une ombre. C'était un homme immensément bon, il travaillait pour le bien de l'humanité, pas seulement pour les gens de couleur mais pour tous les peuples de la terre. Car, en persécutant les Noirs, les basanés, les Rouges ou les Jaunes, les Blancs coupables de ces persécutions deviennent les victimes d'une terrible kharma, individuellement et collectivement, et tout ce qu'ils font aujourd'hui aux gens de couleur devra être réparé plus tard au prix de grandes souffrances et de beaucoup d'humilité.

Si nous pouvions tous lancer une prière fervente pour demander qu'un Grand Chef vienne sur terre pour tout arranger, ce Grand Chef ne viendrait pas avec une épée flamboyante et des armées, parce que les guerres n'ont jamais rien arrangé, elles ne provoquent que des malheurs, du sang et des larmes. Les guerres sont inutiles. La voie pacifique est la meilleure, et le meilleur moyen de rétablir la paix c'est que les femmes retournent à leur foyer pour enseigner l'honnêteté et la bienséance à leurs fils. C'est possible, vous savez. Vous rappelez-vous le vieux dicton ? « Une femme bonne est excellente, mais une mauvaise femme est pire que tous les mauvais hommes réunis. »

6

Un pâle soleil filtrait entre les nuages qui se dispersaient lentement, cachant encore les sommets des montagnes auxquels ils semblaient s'accrocher.

La vallée de Lhassa scintillait, récemment lavée par une averse torrentielle. D'innombrables grenouilles, assises sur les berges du lac, coassaient pour remercier le ciel de l'abondance d'insectes chassés par la pluie des arbres voisins qui tombaient, bon gré mal gré, dans leur bouche avide.

Les saules soupiraient et s'agitaient doucement tandis que les gouttes tombaient de leurs plus hautes branches dans les eaux calmes du lac. Les toits dorés du Potala luisaient sous le soleil à demi-caché; et un arc-en-ciel apparut au-dessus de la ville, partant de la cathédrale de Jo Kang pour se perdre dans les nuages.

La route de Linghor s'animait soudain. Les voyageurs et les passants avaient couru se mettre à l'abri quand la pluie s'était brusquement abattue, noyant la campagne et gonflant la rivière qui menaçait d'échapper à ses rives. Malgré l'accalmie, de grands torrents dévalaient les montagnes et faisaient lentement monter le niveau des lacs et des marais. La terre, qui avait été desséchée durant des semaines, absorbait avidement cette pluie bénéfique et inattendue avec de petits bruits de succion.

Sur la Rivière Heureuse, le batelier, debout sur son bac de peaux de bêtes, contemplait anxieusement le ciel, craignant qu'une nouvelle averse violente ne rende la rivière impraticable. Car un bateau en peaux de yak laisse beaucoup à désirer, en ce qui concerne la sécurité, et il peut se retourner à tout moment. Les passeurs, tout comme les marins du monde entier, savent rarement nager, et celui-ci ne faisait pas exception à la règle.

Cependant, la route s'animait de nouveau. Des moines serviteurs allaient à leurs affaires, se hâtant vers la grande place du marché de Lhassa. Des moines porteurs d'eau dévalaient le sentier pierreux, vers le petit puits qui débordait maintenant, et remontaient lentement, chargés de leurs outres pleines de l'eau indispensable, vers le Potala et vers Chakpori aussi, car Chakpori, bien que plus petit et moins peuplé, avait besoin de grandes quantités d'eau pour les préparations des herbes et des médicaments.

Sur la route, des lamas passaient maintenant. Les Grands Lamas, avec leur cortège de moines-valets avançaient majestueusement, tandis que d'autres, dédaignant les signes extérieurs de leur rang, s'en allaient solitaires, ou suivis simplement d'un moinillon. Les marchands, avec leurs trains de chariots tirés par des yaks, franchissaient lentement la porte Occidentale, pour pénétrer dans Lhassa, leur dernière étape. Il y avait des colporteurs, avides de gain mais aussi de paroles, des conteurs pressés d'émerveiller les populations avec leurs histoires.

D'autres marchands sortaient de la ville, se dirigeant vers les hauts cols de la montagne où ils chemineraient difficilement sur les sentiers enneigés où la moindre glissade les ferait tomber dans d'immenses précipices, et puis, les dangers surmontés, ils atteindraient l'Inde, au bout de quelques jours ou de quelques semaines, ils arriveraient à Kalimpong ou dans d'autres centres de commerce. En se croisant, les arrivants et les partants échangeaient des impressions, se donnaient des nouvelles, parlaient de l'état du marché et de l'humeur des chalands.

A côté du Pargo Kaling, des mendiants assis en rang gémissaient et réclamaient des aumônes. Ils promettaient toutes les bénédictions du ciel à ceux qui donnaient, et les malédictions les plus épouvantables à ceux qui se détournaient d'eux. Des touristes et des pèlerins envahissaient la route, contournaient le Potala, et faisaient le tour du lac pour admirer le grand rocher couvert de sculptures religieuses polychromes. Pèlerins et touristes... des colombes et parmi elles des éperviers, ceux qui les volaient, ceux qui profitaient d'eux, ceux qui vendaient des horoscopes en prétendant que chaque horoscope avait été préparé sous la direction d'un Grand Lama, alors qu'ils étaient manufacturés en Inde, en grande série.

Un vieillard était là, juché sur un rocher, et haranguait les touristes :

— Venez, venez voir! Regardez! Des talismans et des porte-bonheur qui ont été bénis par le Grand Initié! Ils chasseront les démons qui vous affligent, celui-ci vous guérira de toutes les maladies, celui-là vous apportera le bonheur !

Il regarda autour de lui, cherchant une personne crédule et naïve qui le croirait sur parole. A quelques pas de là, une femme se pencha vers son mari et chuchota :

— Bénis par le Grand Initié !

— Cela doit coûter très cher, marmonna le mari.

— Mais il me faut un talisman ! J'attends un enfant et nous devons nous assurer qu'il naîtra sous de bons auspices.

Ils s'approchèrent du vendeur de talismans qui, sentant leur avidité, se précipita vers eux et ils se rencontrèrent ; ils les attira alors dans un petit bois de saules afin de pouvoir discuter du prix et obtenir le maximum. Ayant fait leur achat, le mari et la femme s'éloignèrent en se tenant par la main, un sourire aux lèvres, en pensant qu'ils étaient maintenant protégés par la bénédiction du Grand Initié du talisman très sacré. Et le marchand ? Il remonta vivement sur son rocher pour appeler d'autres clients et vanter les mérites de ses porte-bonheur.

J'ai reçu aujourd'hui une lettre, qui me demandait : « Dites-moi où je puis acheter un talisman réel, efficace, qui me portera bonheur et me protégera du mal. J'ai vu de nombreuses publicités dans tel ou tel magazine, mais je ne sais lequel choisir. »

Le meilleur conseil que je puisse vous donner, c'est de n'en choisir aucun. Tous ces talismans ne valent rien.

Soyons raisonnables; si ces objets sont fabriqués en série, par milliers, sans jamais avoir été touchés par une main humaine sans doute, ils ne peuvent produire aucun effet. Quand j'étais dans ma lamaserie, on m'a appris que le seul moyen de faire un bon talisman était de le créer soi-même, en lui insufflant une personnalité, ou entité de pensée. J'affirme, catégoriquement, que tous les talismans fabriqués en série ne valent rien, et leur achat n'est qu'un gaspillage d'argent.

Permettez-moi de vous raconter une courte histoire. Il y a quelque temps m'est arrivé des États-Unis un petit paquet, accompagné d'une lettre dans laquelle mon correspondant m'informait qu'il m'envoyait un morceau d'écorce d'un certain arbre très particulier qui pousse en Irlande. Il m'affirmait que cela me porterait bonheur et me protégerait du mal.

Le petit bout d'écorce se trouvait dans une enveloppe spéciale, qui contenait aussi un dépliant et la photographie d'un petit arbre. Le dépliant expliquait que, depuis plus de trois cents ans, on détachait des morceaux d'écorce de cet arbre et qu'ils étaient vendus dans le monde entier. On en avait ainsi expédié, dans toutes les parties habitées du globe, des milliers, des millions de morceaux.

Je vous le demande, quelle espèce d'arbre peut-elle fournir son écorce pendant trois siècles sans mourir? Quelle espèce d'arbre peut fournir des millions de morceaux d'écorce et continuer de croître et d'embellir? J'ai retourné la chose entre mes mains et, grâce à la psychométrie, j'en ai conclu que quelqu'un avait imaginé une opération lucrative et acheté toute l'écorce d'arbres abattus pour en tirer à l'emporte-pièce des morceaux de la taille d'un demi-dollar et en envoyer aux quatre coins du monde. Le bénéfice devait être considérable! « Quel dommage, pensai-je, que je sois un honnête homme. Voilà le moyen de trouver de l'argent pour mes recherches! » Hélas, en ce qui me concerne, l'honnêteté a toujours le dernier mot, et elle l'aura toujours, quoi qu'on en pense!

Les porte-bonheur, les talismans fabriqués en série n'ont aucun pouvoir, qu'ils soient en bois, en métal ou imprimés sur un bout de papier. Ils sont parfaitement inutiles. Les seuls talismans qui peuvent avoir quelque vertu sont ceux qui ont été faits à la main et dans lesquels on a insufflé une forme-pensée, différente pour chacun. C'est possible, et cela se fait. Mais on ne peut pas en faire un commerce car le temps qu'on y passerait obligerait à les vendre plusieurs centaines de dollars.

Peut-être serait-il bon d'expliquer dès à présent que les « Pierres de Rampa » sont tout autre chose. Ce ne sont pas des talismans. Ce sont des objets très spéciaux, qui doivent être utilisés uniquement par leur propriétaire et qui lui apportent rapidement une grande force, qui l'aident, lui uniquement. Elles ne peuvent pas servir à deux personnes différentes et, comme en témoignent des milliers de lettres, elles sont réellement bénéfiques. Mais ce ne sont pas des talismans.

Certains magazines publient des réclames sur l'Étoile de ceci, ou l'Étoile de cela, ou la Croix de je ne sais quoi. Il faut bien que les gens vivent, sans doute, mais tout le monde devrait se rappeler la célèbre maxime : *Caveat emptor,* « que l'acheteur se méfie ». La publicité fait vivre les magazines et j'imagine que le directeur de la publicité d'une publication quelconque lit les annonces les yeux fermés et se soucie fort peu des prétentions des annonceurs. Alors, dites-vous bien que, si vous allez acheter un talisman, vous rendez sans doute service à quelqu'un, en donnant votre bon argent pour recevoir par retour du courrier un objet parfaitement inutile.

Il est certain, cela dit, que si l'on désire un talisman, il est possible de l'obtenir, à condition que la personne à laquelle vous vous adressez sache en fabriquer un, et si vous avez le temps, la patience et la détermination. Vous ne pouvez pas le faire faire du jour au lendemain. Il faut du temps, ce temps dépendant de ce que vous désirez exactement.

Tout le monde a entendu parler des malédictions des tombeaux égyptiens, ou de certains objets de l'Antiquité qui portaient une malédiction. Ce ne sont pas des contes, ces histoires ne sont pas dues à l'imagination, elles sont bien réelles. Voici ce qui se passait : la personne qui savait s'y prendre a fait une forme-pensée, et l'a « magnétisée » sur l'objet à protéger. La forme-pensée entre en action dans certaines conditions. Par exemple, si quelqu'un essaye de voler l'objet, les pensées émanant du voleur déclenchent la réaction automatique, préconditionnée, de la forme-pensée. Alors le voleur meurt bientôt, ou tout de suite, d'une crise cardiaque ou d'accident.

C'est un processus très long, très compliqué,

impossible à fabriquer à la chaîne. Par conséquent, il est manifeste que la plupart de ces petits talismans stupides qui font l'objet de placards publicitaires ne valent absolument rien.

Continuons à répondre à mes correspondants. Voici une autre question, fort intéressante : « Depuis que j'habite un immeuble en ville, j'ai des ennuis de santé. Une vieille femme de la campagne m'a dit que c'était parce que je ne vivais pas sur la terre. Est-ce vrai ? »

Parfaitement ! C'est très, très vrai. Examinons le problème, voulez-vous ?

La terre est en quelque sorte un aimant. C'est un globe contenant des forces magnétiques, de divers degrés d'intensité. Chacun sait qu'il y a un pôle Nord et un pôle Sud. On apprend cela à l'école. Mais peu de gens savent que les masses continentales et les îles ont chacune leur quantité de magnétisme particulière. Ceux qui mesurent la gravité — qui est une forme de magnétisme — savent qu'elle est différente selon les parties du monde, et que les boussoles, les compas des navires, par exemple, indiquent des données différentes suivant les ports. Sur de nombreuses côtes l'on peut voir deux cônes blancs, de forme pyramidale, situés de telle façon que si l'on se place à une certaine distance, dans une certaine position, au large, ils se confondent et forment une ligne blanche uniforme. Les vaisseaux manœuvrant pour entrer dans un port s'alignent sur ces points de repère, ou amers, et quand une ligne imaginaire est tracée, de l'arrière jusqu'à l'avant pour rejoindre avec précision les deux amers qui semblent n'en faire qu'un, le compas à bord du navire doit indiquer une certaine latitude. Si ce n'est pas le cas, de petits aimants de correction sont placés dans l'habitacle, sous le compas, pour tirer ou pousser l'aiguille vers sa position exacte.

Cela se passe aussi, de la même façon, dans l'aviation. Il peut arriver qu'une boussole soit affectée par la nature du chargement d'un avion ou d'un navire et non seulement il faut en tenir compte mais compenser aussi pour la variation magnétique des différentes masses terrestres.

Or, les différentes intensités de magnétisme affectent les êtres. Les gens ont beaucoup de fer en eux, ainsi que d'autres minéraux et produits chimiques, et une personne vivant dans une région de haute densité magnétique aura d'autres réactions cérébrales qu'une personne habitant une région de basse densité.

Par exemple les Allemands et les — voyons ? — les Argentins, si vous voulez, sont tout à fait différents, par leur comportement, leurs réactions, leur façon de penser; cela est dû en grande partie à l'attirance magnétique exercée sur les Allemands en Allemagne, et sur les Argentins en Argentine. La nature des aliments, et leur teneur en fer doivent aussi être considérées. Ainsi, l'Allemand moyen peut vivre dans un immeuble d'habitation sans en souffrir vraiment, tandis que l'Argentin moyen se sentirait écrasé et déprimé dans de semblables conditions de vie, parce que le magnétisme, ou plutôt le degré de magnétisme de l'Argentine, est différent, il produit des hommes plus libres qui ont besoin de grands espaces et qui ne se laissent pas enrégimenter comme les Allemands en Allemagne. Vous remarquerez que je prends soin de préciser « en Allemagne ». Car l'Allemand qui va vivre ailleurs, ou l'Argentin qui quitte l'Argentine vont alors subir le magnétisme du pays dans lequel ils se sont installés.

Tout est affecté par le magnétisme basal d'une région. Chaque créature terrestre a besoin d'être en contact avec les courants de la terre. Ces courants sont, bien entendu, le degré particulier de magnétisme de telle ou telle région. Si une personne n'a plus de contacts avec la terre, sa santé se détériore. Des études récentes ont prouvé sans le moindre doute que les gens vivant dans des immeubles et qui n'ont guère l'occasion d'aller dans des jardins ou des parcs, où ils ont réellement les pieds sur terre, c'est-à-dire où les chemins ne sont pas pavés, souffrent de troubles nerveux et d'une mauvaise santé. Tout le monde sait que les gens qui vivent à la campagne sont plus forts et plus résistants que les habitants des villes.

A la campagne, on peut se promener dans les champs, boire l'eau pure des ruisseaux. Dans les villes, tout est recouvert de goudron, de pavés ou d'asphalte, de matériaux qui isolent le corps humain des courants terrestres.

Voyez par exemple la légende du géant Antée. Il retrouvait ses forces déclinantes en se couchant sur la terre, sa « mère ». Autrement dit, il puisait son énergie dans les courants terrestres et, après s'être couché, il était capable de défaire tous ses ennemis !

Celui qui rêve d'être en bonne santé devrait pouvoir aller au moins de temps en temps à la campagne, pouvoir ôter ses souliers pour marcher sur la bonne terre fraîche. Si tout le monde faisait cela, il y aurait moins de maladies, moins de frustrations, moins de tension.

Puisque nous en sommes aux courants terrestres, il serait bon de parler de la meilleure position durant le sommeil. Bien sûr, nous ne sommes pas des individus stéréotypés, chaque personne est différente de son prochain. Mais tout le monde pourra tirer profit de la recherche d'une position de son lit, afin de bénéficier au maximum des courants terrestres.

Le meilleur moyen d'y parvenir est de consacrer un mois à cette expérience. Disons que pendant la première semaine vous placez votre lit la tête au nord. Jour après jour, vous écrivez dans votre agenda vos impressions, vous notez ce que vous éprouvez, comment vous vous sentez. Puis, la semaine suivante, vous changez l'orientation du lit, vous le mettez la tête à l'est, si vous voulez, et vous notez de nouveau avec soin vos sensations. Vous essayerez ensuite de dormir la tête au sud, puis à l'ouest. A la fin du mois vous saurez quelle orientation vous convient le mieux et si vous placez définitivement votre lit dans cette position, vous découvrirez que la fortune vous sourit, et votre santé sera grandement améliorée. Si vous dormez dans un lit à deux places, ma foi, ou bien vous renoncez à l'expérience, ou bien vous achetez des lits jumeaux.

On pensait généralement, il y a encore peu de temps,

que le contact avec la mer produisait les mêmes effets sur tout le monde. Ce n'est pas tout à fait vrai. Les gens se sentent mieux quand ils sont à la mer parce que, en général, l'air y est plus pur et plus sain. Mais les courants magnétiques de la terre sont très différents des courants marins, et si cela ne vous fait pas de mal d'aller faire « trempette », pour le plaisir uniquement, ne pensez jamais que vous allez améliorer votre santé grâce aux courants magnétiques de la mer. Cela vous fera certainement du bien de baigner vos pores dans une bonne solution saline, et l'air iodé ne saurait pas vous faire de mal, au contraire. Mais vous risquez aussi, au bord de la mer, d'être envahi par le mazout d'un répugnant pétrolier, ou, comme chez moi, de souffrir des effluves abominables et de la pollution d'une usine à papier qui déverse tous ses détritus dans la rivière qui passe sous mes fenêtres en répandant une odeur nauséabonde.

Passons à la question suivante. Une personne m'écrit : « Comment pouvons-nous vivre en étant seulement conscients au dixième de nous-mêmes ? Si nous sommes si peu conscients, comment nous arrangeons-nous pour nous débrouiller comme nous le faisons ? »

Je répondrai simplement que c'est parfaitement vrai, nous ne sommes conscients qu'à dix pour cent. Imaginez que vous ayez une voiture qui ne peut dépasser dix kilomètres à l'heure, parce qu'un appareil fixé sur le moteur limite sa vitesse et ne vous permet pas de la dépasser; bien que votre voiture soit capable d'aller beaucoup plus vite, vous devez vous en tenir à la limite fixée par le préconditionnement du moteur. La limite humaine est de dix pour cent de conscience. Si on parvient à dépasser cette limite, on est indiscutablement un génie, mais bien trop souvent une personne géniale dans un certain domaine est remarquablement ignare dans un autre. Un homme peut être un inventeur génial, un grand cerveau, doué d'une intelligence exceptionnelle dans le domaine, si vous voulez, de l'électronique, et cependant, par d'autres côtés, il est si stupide qu'il est incapable de s'occuper des moindres petits détails de sa vie, il faut l'habiller, le nourrir, etc. Je connais un de ces cas.

Notre conscience opère un peu comme une standardiste assise devant son standard téléphonique avec dix lignes à sa disposition. Elle ne peut s'occuper que d'une seule ligne téléphonique à la fois, donc elle s'occupe d'un seul dixième.

Pour les neuf autres dixièmes, les êtres humains sont sub-conscients. Le Sur-moi est au-delà de notre moi conscient, qui pourrait être comparé à la partie d'un iceberg qui émerge de la mer. On n'en voit qu'un tout petit morceau, sa plus grande partie étant immergée, de même que la masse la plus importante de la connaissance humaine est immergée, sous le seuil de la conscience. C'est pourquoi on l'appelle subconscient, du préfixe *sub,* dessous.

Dans certaines conditions, certaines circonstances, on peut parvenir à interroger le subconscient. Il est possible, grâce à certains procédés, d'entrer en rapport avec le subconscient pour découvrir ce qu'il sait, et ce qu'il sait, c'est ceci : il connaît tout ce qui est déjà arrivé à cette entité précise. Je dis bien cette entité, et non pas ce corps humain! En plongeant profondément dans le subconscient, on erre en quelque sorte dans les sous-sols d'une vaste bibliothèque ou d'un grand musée, où l'on peut voir toutes les merveilles qui y sont conservées mais que l'on n'expose pas au public. Les musées, je n'apprendrai rien à personne, possèdent plus de trésors dans leurs réserves que sur leurs murs!

Placez une « table d'écoute » sur le subconscient d'un être humain, et vous découvrirez presque tout ce qui lui est arrivé. Vous pouvez suivre sa vie à rebours. Vous pouvez commencer par une personne âgée de soixante-dix ans, et la ramener à soixante, cinquante, quarante ans, jusqu'à l'heure de sa naissance, et plus loin encore, jusqu'au moment précis de sa conception sur cette terre. Si vous changez alors de technique, comme on change de vitesse quand on conduit une voiture, vous pouvez suivre le subconscient au-delà de la naissance, vous pouvez découvrir l'instant où l'entité a pénétré dans le corps du bébé à naître. Vous pouvez alors découvrir ce que l'entité a fait *avant* d'entrer dans le corps de ce bébé. Et si vous êtes expert, si vous avez une raison valable de le faire, vous pouvez alors savoir ce que cette personne était dans une vie précédente, ou dans une vie antérieure, celle d'avant, celle d'avant encore.

Un avertissement! Ne croyez pas toutes les petites annonces où l'on vous affirme que Madame Irma ou Madame Carmen fera tout ça pour vous, pour la modeste somme d'un dollar. Ces choses ne peuvent se faire pour de l'argent, ni par simple curiosité. Il faut une vie entière d'études, et un but sérieux. Ce n'est pas un tour de prestidigitation, un numéro de cirque. Alors ne perdez pas inutilement votre argent!

Je suis de ceux qui peuvent faire cela. Je puis aussi le faire pour moi-même, et je sais beaucoup de choses étonnantes sur moi, qui remontent très loin, bien avant ma naissance sur terre.

Je vous donne un nouvel avertissement; ne croyez pas non plus tous ces gens qui sont coiffés d'un turban et qui vous racontent qu'ils peuvent aller consulter le Dossier Akashique en échange de quelques dollars, ou même de quelques centaines de dollars, et revenir tout vous expliquer. S'ils en étaient capables, ils ne le feraient pas pour de l'argent, car ils sauraient que c'est impossible. Mais si vous les payez « argent comptant », ils « reviendront » avec des histoires époustouflantes, ils vous raconteront que dans une vie antérieure vous avez été Cléopâtre ou Napoléon, ou encore le Kaiser Guillaume, le grand-père de Castro ou l'oncle de De Gaulle. Ils essayent généralement de découvrir avant ce que vous aimeriez être ou avoir été, et quand ils « reviennent », en hochant la tête, en pinçant les lèvres, en faisant mille comédies, ils vous répètent simplement ce que vous leur avez dit, sous une autre forme et en d'autres termes. Non, madame! Le monde est saturé d'anciennes Cléopâtres. Non, monsieur! Le monde est surpeuplé de gens qui ont été Napoléon, ou saint Paul, saint Pierre, saint Glinglin. D'ailleurs, quelle importance? Vous avez déjà été quelqu'un, c'est certain, mais pourquoi chercher à savoir qui?

Vous avez aujourd'hui un autre corps, un autre nom, une mission différente dans la vie qui n'a rien à voir avec vos existences passées, glorieuses ou non. Le passé n'a aucune importance. Le passé est responsable des échecs du présent. Tout ce que vous avez à faire maintenant, c'est de vivre honnêtement, c'est de pratiquer la bonté afin d'avoir plus tard un meilleur avenir. Le meilleur moyen de s'assurer une vie future heureuse est de ne pas consulter les voyantes, de n'avoir aucun rapport avec les gens qui annoncent dans les journaux qu'ils feront ceci ou cela et je ne sais quoi encore, si vous les payez bien.

Si vous voulez en savoir plus long sur ce que vous êtes vraiment, et si vous avez pour cela de bonnes raisons, vous pourrez le faire en voyageant dans l'astral. Si vous voulez absolument savoir quelque chose, alors essayez la méditation.

Pour bien méditer, vous devez vous isoler des courants terrestres, parce que si ces courants circulent autour de vous, vous serez ramené à la terre, vous aurez des pensées « terriennes ». Il ne faut pas, vous devez pouvoir être le maître des sujets de votre méditation. Alors la première exigence est d'éviter notre vieille ennemie la constipation (c'est très, très important, vous savez!) et de nous vêtir de notre robe de méditation. Elle est généralement noire, et doit vous couvrir de la tête aux pieds. Elle doit même recouvrir votre tête, et presque tout votre visage. Il ne faut pas suffoquer, bien sûr, mais si la robe de méditation est bien conçue, vous ne risquez rien. L'essentiel est d'être isolé des influences extérieures par ce tissu noir. Votre corps doit être protégé des rayons solaires, parce que le soleil peut colorer vos pensées, et vous n'y tenez pas pour le moment. Vous désirez penser à ce que vous voulez, et contrôler ces pensées.

Si vous êtes habile, si vous savez vous servir de fil et d'aiguilles, confectionnez-vous une espèce de robe de moine, avec un capuchon, en vous assurant qu'elle sera assez grande. Peu importe que vous ayez l'air d'être vêtu d'un sac, vous n'êtes pas un mannequin de mode. Le but essentiel de cette robe est de vous isoler des influences extérieures; alors peu importe qu'elle vous aille bien ou mal; plus elle sera grande — dans les limites de la raison, bien sûr — plus vous serez à l'aise. Vous devez garder cette robe de méditation pour la méditation seule, et ne jamais la porter en dehors de vos heures de méditation. Vous devrez aussi la ranger soigneusement, afin que personne d'autre ne puisse s'en servir, l'enfiler, la toucher, parce que si une autre personne la touche ou l'essaye, elle communiquera une influence autre que la vôtre à la robe, ce qui est justement ce que vous voulez éviter, et vous buterez sur des obstacles.

En méditant dans les conditions ci-dessus, isolé et protégé, vous êtes à l'abri des influences extérieures. Vous pouvez vraiment aller jusqu'au fond du sujet qui vous intéresse. Vous pouvez suivre tous les divers stages de la méditation, aller de plus en plus loin, vous enfoncer de plus en plus profondément, si bien qu'à la fin vous avez l'impression de flotter. Quand vous avez atteint ce stade vous pouvez savoir énormément de choses sur ce qui se passe au-delà de ce dixième de conscience. Vous pouvez plonger le regard dans les neuf dixièmes de subconscient. Rappelez-vous, encore une fois, que le mot « sub-conscient » ne signifie pas que cette phase de la conscience soit inférieure. Le préfixe « sub » qui veut dire *sous* est souvent employé pour désigner une chose inférieure, mais pris dans cette acception il indique tout ce qui se trouve sous le seuil de la conscience, alors que « supra » indique ce qui se trouve au-delà, ou au-dessus de ce seuil de la conscience.

Le subconscient se rapporte à tout ce qu'une personne sait ou a connu depuis la nuit des temps, depuis que cette personne est devenue une entité. Si on suppose que le présent est une ligne droite, nous pouvons dire que tout notre passé se trouve emmagasiné *dessous,* alors que ce qui va nous arriver plus tard, dans le proche ou le lointain avenir, dans ce monde ou un autre, se trouve dans la supra-conscience, qui est naturellement située *au-dessus* de cette ligne imaginaire.

Nous nous occupons, et nous nous sommes occupés, de choses que les gens savent sans savoir pourquoi ils les savent, et de choses que les gens peuvent faire même si à présent ils s'en croient incapables. Par exemple, voyager dans l'astral. N'importe qui peut y arriver ! N'importe qui peut le faire avec un peu de patience, de persévérance et d'obéissance à certaines règles, mais les gens disent : « Oh ! je ne pourrai jamais faire ça ! » Ils ont peur d'essayer mais vous, cher lecteur, vous tenterez cette expérience car c'est réellement admirable, merveilleux, de planer et de voler au-dessus de la surface de la terre, de jouer avec le vent, de parler aux oiseaux qui peuvent voir les voyageurs de l'astral, de pousser des cris de joie et d'étonnement. Essayez. Vous verrez que c'est la chose la plus merveilleuse qui vous soit jamais arrivée.

Naturellement, il se passe des choses bien plus importantes que le jeu pur et simple. On peut se rendre dans toutes les parties du monde comme je vous l'ai déjà expliqué, mais ce n'est pas tout, loin de là; il y a des choses beaucoup plus précieuses.

Si l'on médite, si l'on parvient à devenir un véritable expert de la méditation, et si l'on combine ce savoir avec le voyage astral, on n'est pas obligé de se limiter à la surface de la terre. N'oubliez pas ceci : quand nous voyageons dans l'astral nous ne sommes pas prisonniers d'un corps charnel, nous sommes dans un corps capable de pénétrer des objets qui, pour le corps de chair, sont solides. Comprenez-vous ce que cela implique ? Cela signifie que l'on peut plonger à une vitesse contrôlée, plonger au centre de la terre, passer au travers des rochers. On peut tout voir, avec une parfaite netteté dans des lieux qui, pour le corps charnel, seraient complètement noirs, ténébreux. On peut plonger aussi profondément qu'on le désire et voir peut-être dans ces abysses un animal géant pris au piège il y a des millions d'années et devenu prisonnier de charbon solide. Dans ce charbon massif, il y a un géant intact, parfaitement conservé, comme les mastodontes et les dinosaures ont été maintenus intacts.

Pendant de longues années, les savants ont cru que l'arrivée sur cette terre des hommes, ou des races humanoïdes, était relativement récente. Mais ils ont fini par comprendre que l'humanité est beaucoup, beaucoup plus ancienne qu'ils l'avaient imaginé. Nos voyages à travers les roches massives peuvent nous démontrer ceci : au bout de milliers et de milliers d'années, la terre subit une espèce de convulsion périodique au cours de laquelle toute la surface terrestre tremble, les eaux se retirent ici, montent ailleurs. La croûte terrestre semble bouillonner, et les moindres vestiges des travaux de l'homme sur la terre s'élèvent et retombent et sont engloutis à des centaines ou des milliers de mètres sous la surface de la terre. Les ménagères me comprendront si je leur dis que c'est semblable à la confection d'un grand gâteau : vous mettez dans une jatte toutes sortes d'ingrédients et puis vous glissez une longue cuillère dessous, vous soulevez, vous tournez et vous mélangez tous ces divers ingrédients afin d'avoir une pâte lisse.

Ainsi, chaque demi-million d'années environ, la terre se débarrasse de ses stocks périmés, et prépare sa surface pour la prochaine race qui, on l'espère, sera meilleure. La vie sur terre est très ancienne, l'âge du dinosaure, du mastodonte et de toutes ces créatures étranges n'était que le début d'une nouvelle expérience, tout comme dans quelques millénaires cette terre que nous connaissons se transformera encore une fois. Toute la surface sera agitée de convulsions, la croûte terrestre bouillonnera et les villes, les travaux de l'homme s'écrouleront et seront enfouis sous des milliers de mètres de roches, si bien qu'une personne arrivant alors sur la terre verrait un nouveau monde qui semblerait n'avoir jamais été habité.

Il faut avoir énormément de pratique pour réussir ce type de voyage astral. Mais vous pouvez y arriver; je vous affirme que vous y arriverez si vous vous entraînez suffisamment, si vous avez confiance en votre propre habileté, et si vous vous rappelez constamment que vous ne pourrez jamais le faire afin de ramener des messages à d'autres gens en échange de quelques dollars!

J'ai plongé très profondément sous les glaces de l'Arctique, et j'ai pu voir, à des centaines de mètres de profondeur, des formes étranges, un être humain différent, au teint violacé et possédant des traits et des membres différents de ceux de l'homme d'aujourd'hui. Les hommes que nous sommes, par exemple, ont deux seins et dix doigts. Mais j'ai vu des gens violets absolument intacts sous les glaces qui avaient huit seins et neuf doigts à chaque main. Peut-être un jour parviendra-t-on à exhumer une de ces créatures et cela fera sensation. Un jour peut-être, on inventera une machine à creuser, atomique, capable d'aller à des profondeurs incroyables sous la glace, qui découvrira certaines villes englouties et leurs habitants, les cités d'un peuple qui vivait à la surface de la terre il y a des centaines de siècles, dans la plus lointaine préhistoire.

Il fut un temps où il n'y avait sur terre qu'un seul continent, et tout le reste était recouvert par la mer, quand l'Amérique du Sud et l'Afrique ne faisaient qu'un, lorsque l'Angleterre était soudée au continent européen et quand l'Irlande n'était qu'une immense montagne dont le sommet se dressait à des kilomètres (oui, des kilomètres) dans une atmosphère très différente. A une certaine époque, toutes les terres formaient une seule masse, allant du pôle Nord au pôle Sud, comme un immense pont reliant une extrémité à l'autre. L'Australie, la Chine et l'Amérique ne faisaient qu'un seul continent soudé à l'Europe et à l'Afrique d'aujourd'hui. Mais cette masse compacte, ce continent unique, se divisa quand la terre fut secouée par de terribles séismes, par des convulsions qui anéantirent les civilisations et projetèrent des rochers et une terre neuve pour tout recouvrir. Et, tandis que la terre tremblait, les océans déferlèrent, emportant ici et là des parcelles de terre qui devinrent l'Australie, l'Amérique, l'Europe, l'Afrique...

En pratiquant à la fois la méditation et le voyage astral, vous pourrez voir tout cela, comme si vous étiez dans ce véhicule cher aux auteurs de science-fiction, la machine à remonter le temps. Cette machine existe, n'en doutez pas, elle est très réelle et elle marche bien; elle se trouve dans le Dossier Akashique, où tout ce qui est jamais arrivé sur notre terre est inscrit. C'est comme si un nombre infini de caméras de cinéma enregistraient tous les événements, éternellement, de jour comme de nuit, et montaient ces images pour en faire un film ininterrompu que l'on peut consulter à condition de savoir s'y prendre, et de connaître la date des événements que l'on désire apprendre.

C'est réellement fascinant de voir une civilisation

terrestre, florissante, où les gens sont très différents des êtres humains que nous avons l'habitude de voir autour de nous. Dans cette civilisation particulière, par exemple, les gens ne se déplaçaient pas en automobile, mais sur des engins qui ont sans doute donné naissance à la légende des tapis volants ; c'étaient des espèces de plates-formes volantes, qui avaient tout l'air de carpettes. Ils s'y asseyaient en tailleur et, en manipulant un petit levier de contrôle qui semblait être « tissé », ils pouvaient s'élever et se diriger où ils voulaient. Dans le Dossier Akashique, nous pouvons contempler tout cela et puis, sous nos yeux, la catastrophe se produit. C'est comme si nous regardions un échiquier aux pièces soigneusement disposées qu'un maladroit renverse. Tout comme les fous, les rois, les reines, les tours et les cavaliers, les populations de la terre de l'époque se sont écroulées. La terre elle-même s'est entrouverte, de grands abîmes béants sont apparus dans lesquels tombaient les édifices et les êtres vivants, et puis la terre s'est refermée sur eux. Au bout d'un certain temps les convulsions se calmèrent ; la terre était prête à recevoir ses nouveaux habitants.

Cette forme de voyage astral permet aussi, comme je l'ai dit, d'aller tout au fond de la terre et d'y voir peut-être les ustensiles usuels des âges disparus, ou les vestiges de grands édifices. On peut se rendre dans les régions arctique ou antarctique, descendre au fond de la terre, sous les glaces, et découvrir des hommes et des animaux qui ont été rapidement congelés, et, grâce au froid et à la rapidité de la catastrophe, ils ont été gardés intacts, surpris dans leur sommeil ou leurs occupations; ils ont vraiment l'air de dormir et d'attendre qu'une main amicale les réveille.

Si on examine soigneusement ces gens, on note tout un tas de différences, le développement du torse est différent, comme la forme des narines, parce que l'atmosphère de la terre, il y a quelques millions d'années, n'était pas du tout la même qu'aujourd'hui. Les hommes de notre époque n'auraient pas pu vivre en ces temps-là, tout comme ces êtres de la préhistoire ne pourraient respirer notre atmosphère, que nous appelons avec optimisme de l'air « pur ». Il y avait alors dans l'air beaucoup plus de chlore et de soufre. Aujourd'hui, nous respirons des vapeurs d'essence. Tout change!

Vous apprendrez aussi avec stupéfaction (comme moi) que le pétrole n'est pas originaire de la terre. Selon le Dossier Akashique, une planète est entrée jadis en collision avec la terre, ce qui a provoqué un arrêt momentané du globe et puis il s'est mis à tourner dans l'autre sens. Mais la collision avait causé la désintégration de l'autre planète et une grande partie de ses mers s'était déversée dans l'espace, pour tomber sur cette terre. Les mers de cette planète étaient formées de ce que nous appelons pétrole. Ce pétrole a saturé la terre, qui l'a absorbé, jusqu'à ce qu'il tombe sur une couche imperméable qu'il ne pouvait pénétrer et où il s'est amassé en immenses nappes, pour attendre l'arrivée des hommes qui le pomperaient et inventeraient d'horribles engins dont les moteurs auraient besoin de ce pétrole pour rouler. Quand tout le pétrole aura été pompé et utilisé, il n'y en aura plus, parce que la terre ne le fabrique pas; il a été déversé par une autre planète.

En ai-je dit assez pour vous persuader de voyager dans l'astral? C'est merveilleux, je le répète, et ces voyages vous permettront de tout connaître de cette terre. Alors n'hésitez plus, essayez. Qu'est-ce que vous attendez? Ayez confiance, prenez patience, et appliquez-vous. Vous pouvez voyager dans l'astral.

7

Avant de commencer à écrire ce livre, j'ai pensé que je devrais satisfaire les milliers de lecteurs qui m'ont demandé des méthodes de guérison par les plantes. Comment guérir telle ou telle affection, soulager telles douleurs? J'ai passé près de dix-huit mois à rechercher une firme réputée, dans tous les grands pays, capable de me fournir un traitement par les plantes que je prescrirais. J'ai envoyé une lettre à MM. Gazon et Sarriette, en Angleterre, leur disant que je m'apprêtais à écrire un ouvrage sur le traitement des maladies par les plantes et que je les priais de me fournir les herbes nécessaires que je recommanderais en précisant leur nom botanique. J'ai reçu une réponse curieuse, me laissant poliment entendre qu'eux, et eux seuls, connaissaient les plantes, qu'il n'était pas question qu'ils me donnent les renseignements que je demandais et que, de toute façon, ils ne pouvaient se départir de leur système et appeler une rose autrement que par un chiffre!

J'écrivis ensuite à la société Épine-Vinette aux U.S.A. pour poser la même question. La réponse fut merveilleusement évasive et ces gens-là me promirent de m'envoyer sous peu un catalogue et un prix courant de leurs spécialités. Alors j'ai jeté toute cette « littérature » à la corbeille, et j'ai préféré écrire autre chose, ce qui a donné cet ouvrage, un livre consacré dans sa majeure partie à répondre aux questions concernant les clés du Nirvâna.

Comment pourrais-je écrire un traité valable sur le traitement par les plantes alors qu'il m'est impossible de trouver un fournisseur des herbes en question ? Si je vous affirme que l'herbe XYZ va vous guérir de tout ce dont vous souffrez, je suis bien obligé de vous dire où vous pouvez vous procurer cette herbe XYZ ! Malheureusement, les herboristes avec lesquels j'ai pris contact voudraient que je dise simplement : « Prenez nos comprimés N° 123 et vous ne souffrirez plus de brûlures d'estomac », etc. Cela ne me suffit pas. Cela n'est pas assez bon pour vous, mes lecteurs. Vous voulez savoir ce que vous prenez, vous voulez savoir ce qu'il y a dans le comprimé 123. Certaines herbes sont très, très efficaces si elles sont prises sous leur état naturel, mais si on leur ajoute n'importe quoi pour abaisser le prix de revient, le remède sera sans doute meilleur marché mais aussi beaucoup moins efficace.

Le plus étonnant — stupéfiant conviendrait mieux — c'est que les fournisseurs, les herboristes en gros, sont incapables de fournir tout simplement les herbes recommandées mais tiennent à leur donner un numéro ou un nom stupide sans rapport avec la véritable plante, comme par exemple « Souffle de vache oriental ». J'ai écrit à une petite firme anglaise spécialisée, selon sa publicité, dans les herbes orientales, mais on n'a pas jugé bon de me répondre. Mon idée n'était pourtant pas mauvaise. Je voulais simplement m'assurer que si je recommandais l'herbe XYZ, vous pourriez écrire, la commander, et recevoir cette herbe XYZ. Je ne demandais aucune commission, aucun pourcentage sur les ventes. Je ne pensais qu'à mes lecteurs.

Ainsi, comme vous venez de le voir, il m'est impossible de vous recommander un fournisseur, et si vous voulez trouver les herbes que je prescris dans ce chapitre, piquez une épingle au hasard dans votre annuaire du téléphone à la rubrique des professions et adressez-vous au premier herboriste venu. Si je précise que vous devez prendre telle ou telle plante, il s'agit de celle-là et non d'une autre, il ne s'agit pas d'un équivalent fantaisiste au nom ronflant ou affublé d'un chiffre. Si la première maison à laquelle vous vous adressez ne peut vous la fournir, cherchez-en une autre, adressez-vous à une firme différente, dans une autre ville peut-être.

Il y a aussi d'autres difficultés en cela qu'une herbe commune en Angleterre est inconnue au Canada, par exemple, et ce qui pousse partout au Canada ne peut se trouver aux États-Unis. Et que peut-on faire dans les pays de langue espagnole où on traduit bouton d'or par pavot? Dans un de mes précédents ouvrages je parlais de décoctions de boutons d'or et dans la traduction espagnole elle s'était transformée en tisane de pavot, parce que certains pays latins n'ont jamais vu un bouton d'or!

C'est vraiment très étrange, vous savez, cette désaffection pour les plantes. De nos jours, médecins et chimistes adorent tripoter des produits nauséabonds tirés de l'urée ou de je ne sais quelle autre substance affreuse, alors qu'ils n'auraient qu'à faire un petit voyage dans les forêts brésiliennes pour y trouver toutes les herbes et toutes les plantes curatives du monde.

Il y a deux siècles, un médecin européen devait d'abord passer un examen d'astrologie, parce que l'astrologie a une grande influence sur les effets des herbes et qu'il devait connaître toutes les herbes de la Saint-Jean. Il devait aussi savoir composer un horoscope, et encore le jour du mois et l'heure à laquelle les plantes devaient être cueillies. Peut-on imaginer un digne médecin d'aujourd'hui rôdant dans la campagne au clair de lune, en consultant un tableau pour savoir quelle herbe doit être cueillie, quelles feuilles arrachées des branches de tel ou tel arbre ?

Dans l'ancienne école de médecine, l'astrologie et les herbes étaient inextricablement liées. Le traitement par les plantes était fondé sur la sympathie et l'antipathie. Une maladie provoquée par les effets délétères d'une certaine planète pouvait être guérie grâce à l'emploi des herbes se trouvant sous l'influence bénéfique de cette même planète. On appelait cela la « guérison sympathique », et si jamais vous aviez goûté à ces tisanes, vous reconnaîtriez que le patient devait avoir besoin de beaucoup de sympathie ! Dans certains cas, une maladie causée par un mauvais aspect planétaire pouvait être guérie par une herbe en antipathie flagrante avec la planète responsable.

Dans le temps, la mode voulait que l'on examinât le malade, que l'on considérât ses influences astrologiques, et fréquemment un horoscope était préparé, montrant les aspects maléfiques responsables de la maladie. Ensuite l'herboriste consultait ses grimoires et ses tableaux, et cherchait dans son stock inépuisable les herbes précises qui guériraient cette maladie en quelques heures.

Si vous voulez que votre traitement par les plantes soit vraiment efficace, il doit se faire en conjonction avec l'astrologie; chaque personne — qu'elle croie ou non à cette forme de traitement — a une personnalité qui est affectée par les influences astrologiques. Si vous tenez à être de votre temps, vous ne parlerez pas d'influences astrologiques mais de « rayons cosmiques »; ça fait plus savant mais ça revient au même. Les personnes nées en été ont une composition chimique différente de celles qui sont nées en hiver. Ainsi, ce qui peut guérir quelqu'un né en hiver sera inopérant sur la personne née en été, et vice versa.

Si nous voulions ouvrir un cabinet de médecin des plantes et recevoir des malades, les ausculter, il nous faudrait prendre en considération le signe astrologique de chaque patient, l'état du ciel au moment des premiers symptômes de la maladie, parce que les êtres humains possèdent en eux diverses quantités de métal, ou de métaux, des particules de diverses catégories de fer affectées par des aimants divers, les planètes étant naturellement les aimants.

Pour vous donner une idée de l'efficacité d'un traitement par les plantes en conjonction avec l'astrologie, sachez que si une herbe se trouve sous la domination du Soleil elle peut guérir les maladies des personnes dépendant de Mars. Les « Martiens » souffrent de maladies particulières aux natifs de Mars, tout comme les personnes nées sous l'influence de Jupiter ont des maladies particulières à Jupiter.

Si une plante placée sous la domination de Vénus est administrée à des Jupitériens, elle guérira les maladies particulières aux Jupitériens, et les herbes « exaltées » par Jupiter guériront ce que l'on appelle « les maladies lunatiques ». Cela s'explique par le fait que Jupiter atteint son point d'exaltation dans le signe du Cancer, qui se trouve dans la maison de la Lune.

Vous serez peut-être amusé ou intéressé de savoir que parmi les plantes placées sous la domination de la Lune on trouve le chou, le concombre, la laitue, le potiron, le cresson de fontaine, et bien d'autres légumes verts. Mais nous ne sommes pas là pour étudier l'astrologie, alors considérons plutôt les maladies simples pour lesquelles on me demande constamment des remèdes.

Premièrement, si vous estimez que votre état est grave, consultez avant tout votre médecin, votre bon vieux généraliste, et s'il est incapable de vous soulager, alors essayez les plantes. Les herbes existaient bien avant les généralistes !

Il apparaît que vous allez être bien nombreux à ne pouvoir trouver un herboriste, à ne pouvoir vous procurer les herbes nécessaires, aussi vais-je vous donner deux noms et deux adresses, la première en Angleterre, l'autre aux États-Unis. Si vous écrivez à ces firmes elles ne pourront vous fournir que leurs propres mixtures et décoctions, mais elles sont dignes de confiance. Les voici :

> *Heath & Heather Ltd.*
> *St. Albans, Hertfordshire*
> *Grande-Bretagne*

(*N.B.* Vous devez adresser votre lettre à Miss Joan Ryder.)

Vous pouvez écrire à cette maison en anglais ou en espagnol, on y comprend parfaitement ces deux langues.

Voici la seconde adresse :

> *Kiehl's Drugstore*
> 109, *Third Avenue*
> *New York* 3
> *N.Y. États-Unis*

(*N.B.* Le responsable s'appelle Mr Morse.)

Dans un cas comme dans l'autre, n'oubliez pas d'inclure suffisamment de timbres pour la réponse et pour l'expédition, car ces gens font ce métier pour gagner leur vie, et je connais mieux que personne le coût du papier à lettres, de l'impression, ce que l'on doit payer pour faire dactylographier des textes. S'il faut par-dessus le marché payer le prix de l'expédition c'est vraiment trop! Vous pouvez couvrir les frais d'envoi par coupon-réponse international; on vous renseignera sur ces modalités dans le bureau de poste de votre ville. Il est parfaitement inutile d'écrire d'Amérique en Angleterre en envoyant des timbres américains, parce que les timbres américains ne peuvent être employés en Angleterre, tout comme des timbres anglais ne peuvent servir à rien aux États-Unis. Alors si vous désirez recevoir une réponse (et c'est certain sinon vous n'écririez pas pour poser des questions ou demander des renseignements) vous devez vous rappeler les règles les plus élémentaires de la courtoisie, à savoir : 1) Envoyer suffisamment de timbres par coupon-réponse international. 2) Ne jamais omettre d'écrire votre nom et votre adresse sur votre lettre, et pas seulement au dos de l'enveloppe. L'enveloppe se jette facilement. 3) Ne pas vous impatienter si vous ne recevez pas de réponse par retour du courrier, car ces firmes ont beaucoup à faire, leurs employés sont très occupés et il ne faut pas oublier que le courrier d'un pays à un autre n'arrive pas du jour au lendemain.

Maintenant, quand je parlerai d'un traitement par les plantes ou d'une herbe précise, je ne citerai que celles que l'on peut obtenir dans ces deux firmes et, naturellement, nous n'évoquerons pas le côté astrologique de la question.

Une des requêtes les plus courantes que je reçoive est la suivante : « Mon mari est alcoolique. C'est le meilleur homme du monde quand il n'a pas bu, mais hélas! cela devient de moins en moins fréquent. Il va falloir que je divorce si cet enfer continue. Que me conseillez-vous ? »

C'est triste, affreusement triste. On ne devrait pas

permettre à l'alcoolisme de faire tant de ravages. L'alcool est terriblement mauvais pour le Sur-moi, et si les gens ne buvaient pas du tout d'alcool, ils ne deviendraient pas alcooliques! L'alcoolisme n'est pas un vice mais une maladie qui affecte gravement le sang. Les cellules sanguines s'altèrent, il se produit une mutation chimique. L'alcoolique est vraiment un très grand malade et quoi qu'on en dise, je suis persuadé qu'il n'existe aucun traitement pour combattre cette maladie; il n'y a pas de guérison possible. Si une personne est alcoolique, le seul moyen de la guérir serait de l'isoler sur une île déserte en espérant qu'avec le temps, son sang pourra redevenir normal.

S'il était généralement admis que l'alcoolique est un grand malade, souffrant d'une grave maladie du sang, les médecins accorderaient sans doute plus de temps à la recherche. Il est à peu près certain que de longues recherches en laboratoire permettraient de trouver un traitement efficace pour guérir cette terrible maladie. L'alcoolique boit pour vivre. Il éprouve le besoin de boire parce qu'il sent confusément qu'il lui manque quelque chose, et il ne se trompe pas. Son sang est différent, et ne peut être normalisé que par l'apport constant de l'alcool dans le système sanguin.

Il n'existe pas de plantes capables de venir en aide à l'alcoolique. Le seul moyen qu'il ait de guérir est de se faire hospitaliser, d'entrer dans une maison de santé où il sera constamment surveillé et soigné.

Il arrive souvent que l'on vienne au monde avec une tendance à l'alcoolisme, par exemple si l'un des parents ou des grands-parents a été alcoolique. Ainsi l'enfant qui vient au monde présente une constitution sanguine à tendances alcooliques qui peut manifester ses effets à la première gorgée d'alcool. Parfois un dé à coudre de liqueur suffit à déclencher la réaction, ou un verre, ou un litre, personne n'en sait rien. Mais quand la réaction s'est produite, il est impossible de revenir en arrière et, au lieu d'avoir de simples tendances à l'alcoolisme, l'individu devient alcoolique.

Il faudrait qu'une loi stipule que tous les alcooliques soient fichés par un service médical. Alors les enfants de parents ou de grands-parents alcooliques pourraient être avertis, et sauraient qu'ils ne doivent jamais toucher à la moindre goutte d'alcool. Encore une fois, dans leur cas, il suffit parfois d'une simple goutte pour qu'ils deviennent alcooliques à leur tour. S'ils n'y touchent pas, ils ne risquent rien, bien sûr. Ainsi, la prévention est le seul remède.

Les alcooliques ne devraient jamais se marier et ils devraient, comme je l'ai dit plus haut, se faire hospitaliser afin d'être soignés avant que leur état s'aggrave. Je répète, pour défendre l'alcoolique, que c'est un malade. Il lui arrive de devenir violent, il est souvent indifférent, il ne s'occcupe pas de sa famille, mais il souffre d'une grave maladie insidieuse, ce n'est pas sa faute, et il ne sert à rien de l'accabler, cela ne pourrait que le conduire au désespoir ou au suicide. Le mieux est de le traiter avec fermeté, et de lui dire qu'il peut se guérir lui-même en renonçant à l'alcool. S'il comprend son problème, s'il lui reste suffisamment de volonté, il y parviendra, vaille que vaille, et au lieu de boire un verre, par exemple, il sucera un bonbon. Cela l'aidera. C'est à peu près le seul remède que je puisse conseiller pour guérir les alcooliques.

Un très grand nombre de personnes m'écrivent pour me questionner sur l'asthme. L'asthme peut prendre diverses formes, et si l'on en souffre, la première chose à faire est de consulter un médecin, de préférence un généraliste qui, s'il le faut, vous conseillera de voir un spécialiste. Il y a par exemple l'asthme des bronches, et d'autres formes de ce type, qui peuvent être soulagées par un traitement médical ou par les plantes. Je n'ai pas le catalogue de Kiehl's sous la main, mais je puis vous dire que Heath & Heather ont des herbes qui soulagent les asthmatiques, donc de ce côté-là il ne peut y avoir aucun problème.

Pour ceux que cela intéresse, l'hysope est excellente et combat efficacement les crises d'asthme. C'est un petit arbrisseau croissant dans les régions arides des pays méditerranéens et on peut en trouver plus particulièrement en Italie, car dans ce pays ses pouvoirs bénéfiques sont plus accentués qu'ailleurs. Les Anciens prenaient de l'hysope en tisane avec du miel et de la rue. Cette infusion calmait immédiatement les quintes de toux, dégageait les voies respiratoires et supprimait les crises d'asthme. J'ai bu de cette mixture et je puis vous avouer que son goût n'est guère plaisant, mais aussi que le remède est parfaitement efficace.

Il existe une autre forme d'asthme, d'origine nerveuse. Souvent, certains enfants font des caprices, ils se mettent dans de telles colères que leur visage se congestionne, à la suite de quoi ils souffrent d'une véritable crise respiratoire. Les parents s'affolent, se précipitent, essayent de le calmer, appellent le médecin. L'enfant entend tout cela, bien sûr, et il apprend vite que s'il a une crise d'asthme tous ses péchés lui sont pardonnés, ses caprices oubliés, et il obtient tout ce qu'il désire. Beaucoup d'enfants se servent de ces prétendues crises d'asthme comme d'une arme contre les parents. Il arrive souvent que la première manifestation de cette forme d'asthme se produise alors que l'enfant est tout petit, encore bébé ou presque, longtemps avant que les parents se rendent compte que l'enfant peut comprendre tout ce qu'ils disent bien qu'il ne puisse encore parler. Alors ne discutez pas trop de ces choses devant les petits bébés, et interrogez votre médecin pour savoir si votre « asthmatique » est réellement malade. S'il l'est, soignez-le. Sinon, persuadez-le qu'il ne l'est pas en faisant la sourde oreille à ses caprices.

Beaucoup de personnes âgées m'écrivent aussi, pour me demander comment soigner leur arthrite ou leurs rhumatismes. Il est naturellement impossible de guérir totalement ces affections, mais il est possible de soulager les douleurs des malades. Pour commencer, personne ne sait ce qui cause l'arthrite. Il existe des plantes qui apportent un soulagement certain, dans les deux cas. La matricaire, la mauve, l'armoise ou la primevère peuvent aider à calmer les rhumatismes (il y en a de plusieurs sortes) et l'ostéo-arthrite. Peut-être ne pourrez-vous trouver ces herbes chez vous, alors dans ce cas écrivez aux deux firmes dont j'ai donné l'adresse.

Beaucoup de cas d'arthrite et de rhumatismes peuvent être soulagés si le malade déménage. Il est possible que l'eau de votre quartier ne soit pas bonne pour vous. Il est possible que cette eau contienne trop de sels minéraux, trop de substances dures, qui, par le système sanguin jusqu'aux articulations, s'y installent et causent des douleurs. De nombreuses personnes qui se trouvaient dans l'impossibilité de quitter leur village ou leur quartier ont éprouvé un certain soulagement en installant des filtres à tous leurs robinets et en buvant cette eau filtrée. Il faut bien compter de trois à six mois avant de pouvoir constater une amélioration de l'état, mais cela en vaut la peine, ne pensez-vous pas? Quel que soit le prix d'un filtre, les résultats vous prouveront que la dépense n'a pas été vaine.

Quelles questions ne me pose-t-on pas! On me demande des remèdes contre les maux de reins, on me demande comment avoir une vie sexuelle heureuse, etc., la liste est longue!

Mais, premièrement, occupons-nous des reins.

Aujourd'hui, à force de manger des aliments artificiels et des fruits ou légumes traités aux produits chimiques, on constate une recrudescence des affections rénales. Alors si vos reins vous causent des ennuis, la matricaire vous soulagera certainement, ou encore l'infusion de queues de cerises qui dégagera vos reins. Vous verrez que vous vous sentirez beaucoup mieux.

Si vous avez des calculs (et vous ne pouvez pas

l'ignorer!) vous vous trouverez bien en buvant des décoctions d'une certaine variété de persil dite « brise-caillou », qui peut s'obtenir chez les herboristes mentionnés plus haut et qui a la propriété de désagréger les calculs rénaux en les transformant en une espèce de sable facile à éliminer. Vous éviterez ainsi une intervention chirurgicale.

Vous ferez le plus grand bien à vos reins (et vous soulagerez aussi vos douleurs rhumatismales ou arthritiques) en buvant beaucoup d'orgeat. Voici la meilleure façon de le préparer :

Faites infuser de l'orge perlé dans une quantité suffisante d'eau frémissante, jusqu'à ce qu'il se ramollisse, et puis passez au tamis fin cette eau qui aura une apparence laiteuse. Si vous voulez que la boisson soit moins désagréable, vous pouvez y ajouter du jus de citron ou d'orange (avec quelques zestes) et un peu de sucre et d'eau bouillante. Vous verrez que cette eau d'orge ainsi « assaisonnée » est une boisson très rafraîchissante et agréable à boire. Vous pouvez en boire des litres, vous ne vous en porterez que mieux.

Il arrive parfois que l'orgeat prenne une teinte bleuâtre et certains pensent que c'est un défaut. Pas du tout, c'est tout à fait normal. Buvez à votre soif de cette décoction, et vous serez très surpris de la rapidité de ses effets. Bientôt vous vous apercevrez que vos reins ne vous causent plus aucun souci et que votre état général s'est amélioré. Un conseil : pendant que vous suivez ce traitement à l'eau d'orge, évitez le blanc d'œuf. Vous pouvez manger le jaune, mais évitez le blanc qui, dans tous les cas, ne peut vous faire de bien.

De nos jours, beaucoup de gens se plaignent de troubles nerveux. La tension du monde actuel, la hâte perpétuelle, les bruits discordants auxquels nous sommes tous soumis usent les nerfs, provoquent des migraines, des sensations de frustration et de tension. Inutile de souffrir, vous savez, car le remède est bien simple; il existe une plante miraculeuse, appelée la valériane. Son nom change naturellement suivant les pays et les langues, mais le terme latin est *valeriana officinalis*. C'est un antispasmodique et un fébrifuge remarquable. Si vous êtes irritable, si vous vous sentez « mal dans votre peau », alors combinez la valériane et la passiflore.

Ces deux plantes réunies sont également bénéfiques pour tous ceux qui souffrent d'insomnie. Faites faire une solution, ou teinture, et prenez-en de cinq à soixante gouttes le soir, suivant votre état. Elles ont aussi un pouvoir calmant puissant sur les alcooliques, et préservent encore des douleurs menstruelles.

Et le diabète qui est souvent mentionné par mes correspondants ?

Avant tout, naturellement, le diabétique doit suivre le traitement prescrit par son médecin, en général des piqûres d'insuline. Mais il est possible de soulager le malade avec une plante appelée *buchu*, ou, en latin, *barosma crenata*. Elle a pour effet de faire éliminer le gravier provoqué par l'acide urique. Les messieurs seront heureux de savoir que cette plante est également un traitement des ennuis chroniques de la prostate.

Nous avons déjà abordé la constipation dans un autre chapitre. Il y a mille façons de guérir la constipation, mais le meilleur est à base de plantes officinales. Les herbes sont naturelles, les herbes soulagent, alors que si vous avalez d'effroyables produits chimiques vous risquez de vous retrouver avec une grave inflammation intestinale. Essayez le cascara, essayez le sirop de figues, essayez le séné, essayez toutes les plantes de ce type, et si vous voulez avoir un remède infaillible et sans douleur mais qui mérite aussi le nom de « pilules de la foi », essayez les comprimés de chez Heath & Heather n° 112. Les résultats sont merveilleux. Cela dit, évitez de prendre ces herbes sous une forme concentrée, parce qu'elles vous videront littéralement, et si vous devez prendre une forte décoction, arrangez-vous pour ne pas aller le lendemain à votre travail. Vous risqueriez d'être beaucoup trop « occupé »!

J'espère que ces quelques commentaires vous auront rendu service.

Les gens semblent s'intéresser de plus en plus aux « prophéties ». Ils veulent savoir ce qui va arriver ici ou là, quand et comment.

J'ai dit, une fois, que la Californie allait être submergée, et c'est vrai mais les gens veulent savoir quand et comment. Ils semblent s'imaginer que je puis leur donner une date précise, à dix secondes près, mais c'est impossible parce que tout cela dépend un peu trop des Américains.

Tout au fond de l'océan Pacifique, au large des côtes des États-Unis, il existe une faille très importante, un défaut de l'écorce terrestre. Considérons deux planches, dont le bord de l'une chevauche de quelques centimètres à peine celui de l'autre. Elles tiennent bon, à condition que personne ne les secoue. Mais si jamais l'on y touche, l'une d'entre elles (ou toutes deux) s'écroulera bruyamment.

Au large de l'Amérique, cette faille dans le sous-sol de l'océan est telle qu'un bord pose à peine sur un autre bord, et un séisme pourrait facilement déloger le plateau supérieur et le faire tomber, ce qui provoquerait une sérieuse secousse tout au long des côtes américaines, affectant le pays de San Diego à Seattle et dont les effets seraient ressentis dans tout le continent. Il suffirait d'un tout petit séisme.

Tout au fond des déserts du Nevada, des savants américains qui devraient avoir un peu plus de bon sens, font exploser des bombes atomiques souterraines. Elles provoquent des frémissements de l'écorce terrestre. Je puis donc prédire sans crainte de me tromper que lorsqu'un savant particulièrement stupide fera exploser une bombe plus grosse, il déclenchera le séisme qui provoquera l'ouverture de la faille. A ce moment, il s'apercevra peut-être qu'il a soudain les pieds mouillés. Cela arrivera un jour, c'est certain, dans cinq ou dans cinquante ans. Selon toute probabilité, le cataclysme se produira durant ce laps de temps, entre cinq et cinquante ans, mais il est bien sûr impossible d'être plus précis parce que cinq ou cinquante ans ne sont qu'une fraction de seconde en regard de l'éternité. Pour calculer la différence, il faudrait une virgule et une multitude de zéros. Si les Américains persistent ainsi à jouer avec des atomes dont ils ignorent tout, ils altéreront gravement la structure du monde.

Si les Californiens étaient raisonnables, ils iraient s'installer plus haut, dans les montagnes Rocheuses. Il faut bien comprendre aussi que les autorités américaines connaissent très bien les dangers de cette faille, mais la Californie est une des régions les plus prospères des États-Unis. Il y a là des terrains fabuleusement chers et si le gouvernement déclarait, fort raisonnablement, que certains secteurs sont inhabitables à cause du risque de séisme ou l'engloutissement, alors les spéculateurs de l'immobilier pousseraient des hurlements et le gouvernement tomberait, parce que les États-Unis sont les esclaves du dollar tout-puissant, et que les politiciens comme les spéculateurs se moquent des malheurs de quelques milliers d'individus.

De nombreux géophysiciens ont averti le gouvernement, l'ont mis en garde contre les dangers que court la Californie mais leurs cris d'alarme ont été bel et bien étouffés. Qu'on essaye de me faire taire! Je déclare, catégoriquement, que l'Amérique court des risques terribles, que ses côtes sont menacées, parce que personne ne veut songer à l'avenir. Sans aucun doute, une fois le malheur arrivé, on déclarera la région « zone sinistrée », on organisera des secours pour les rares survivants, mais tous ces malheurs pourraient être évités si, dès aujourd'hui, on mettait fin aux essais atomiques dans le Nevada.

En attendant, la seule chose que je puisse conseiller aux populations côtières, c'est de déménager, d'aller se loger sur les hauteurs le plus vite possible. Apprêtez-vous à vous installer dans les montagnes avant cinq ans, en espérant que le tremblement de terre ne se produira pas avant. Déjà, d'innombrables experts affirment qu'un grand séisme californien aurait dû se produire. Alors vous voilà avertis.

On m'écrit aussi que, dans mes ouvrages, j'ai fait des prophéties, mais que je n'y mentionne pas l'Australie, ni l'Afrique ni tel ou tel autre pays. Non, bien sûr! Je connais beaucoup de choses, sur un grand nombre de nations, mais je n'ai jamais voulu écrire un guide pratique des catastrophes ou des mutations. J'ai simplement donné quelques indications de base.

Cependant, puisque certains le veulent, considérons l'Australie.

Pour le moment, l'Australie est un continent dont la population se masse sur les régions côtières, le reste du pays étant pour ainsi dire inhabité. L'Australie pourrait abriter un milliard d'habitants, si son centre n'était pas aussi aride. Ces régions sont presque mortes, pour le moment il est impossible de cultiver ces terres désertiques. Dans un avenir assez lointain, le cœur de l'Australie sera creusé par des machines ou des explosions atomiques contrôlées. Il se créera alors un vaste lac au centre de cette île continentale, qui sera bientôt rempli par des masses d'eau fraîche, d'eau de source montant des profondeurs de la terre et qui reste aujourd'hui prisonnière des couches calcaires imperméables. Dans un lointain avenir, l'Australie sera un pays verdoyant, florissant. Quand cet immense lac aura été pratiqué, ses berges seront plantées d'arbres et de buissons importés du Brésil, et tout le climat changera dès que ces arbres auront pris racine. Car les arbres contribuent à l'amélioration d'un climat. L'intérieur du pays sera pastoral, il y aura de l'eau en suffisance, et plus les arbres croîtront, plus il y aura d'eau, sous forme de pluie.

Dans un très lointain avenir, l'Australie, le Canada et le Brésil seront les plus puissantes nations de la terre. L'Australie, comme le Canada, doit d'abord devenir adulte. En effet, tous deux sont de jeunes pays, presque enfantins, et ils connaîtront bien des souffrances, car seule la douleur est un vrai maître. Les peuples n'apprennent pas par la bonté, mais dans la souffrance et la misère. Les pays qui ont une vie trop facile, un standard de vie trop élevé, n'apprendront jamais rien, ils en sont incapables, et ils devront être abaissés, réduits à néant afin que, par la souffrance et la famine, par les grèves et les malheurs, ils apprennent les amères leçons de la vie et fassent enfin quelque chose pour améliorer le sort de la terre entière.

Dans les années à venir, l'Angleterre deviendra florissante. Dans les années à venir, l'Argentine reprendra possession des îles Maldives qui seront plus tard une base de recherche scientifique où des savants travailleront en rapport avec les extra-terrestres et l'Antarctique. En ce moment, l'Argentine passe par une période douloureuse, mais les Argentins doivent prendre courage en pensant que ce sont les douleurs de l'enfantement d'un puissant pays. Dans les années à venir, l'Argentine deviendra une grande puissance, elle aura un gouvernement stable, une économie stable et sûre. Le Dossier Akashique des probalités indique que l'Uruguay, le voisin immédiat de l'Argentine, aurait pu occuper cette position enviable. L'Uruguay était promis à devenir le jardin de l'Amérique du Sud, lui aussi devait avoir un immense lac à l'intérieur des terres qui aurait apporté la vie aux régions arides, qui les aurait rendues fertiles et capables de donner de belles récoltes. Malheureusement, l'Uruguay est un pays qui, jusqu'à présent, n'a guère souffert, alors sa population est incapable de se hausser au niveau d'intégrité qui aurait été exigé pour ces grandes réalisations. Il connaît maintenant des grèves successives; tout le pays semble se mettre en grève, et oublie que le processus d'évolution ne s'arrête pas pour attendre qu'une nation ait réglé ses problèmes internes. La loi des probabilités est inexorable, et l'Argentine va prendre une place plus importante que l'Uruguay.

Ainsi l'Argentine et le Brésil seront les très, très grandes puissances du continent américain méridional et central, la prépondérance allant sans doute à l'Argentine parce que son climat est plus propice aux activités humaines. Les températures du Brésil sont équatoriales et empêchent ses habitants de déployer beaucoup d'énergie.

On m'écrit aussi pour me parler de l'Afrique, pour me demander ce que j'en pense. L'Afrique est un continent en fusion, un continent enragé, enfiévré par ses luttes intestines et par les assauts du communisme soviétique et chinois, qui risquent de détruire son intégrité. Pendant de longues années encore, l'Afrique sera déchirée, divisée, et les Rhodésiens d'aujourd'hui, qui haïssent tout et tout le monde, seront balayés. Plus tard, bien plus tard, l'Afrique redeviendra ce qu'elle était à l'origine, le continent noir. Elle sera gouvernée par des Noirs; elle sera habitée par des Noirs, et tous les Blancs n'y seront que des étrangers à peine tolérés. Il n'y aura plus de villes habitées par des Blancs, comme aujourd'hui : tout le monde sera noir.

Plus tard encore, cependant, Blancs et Noirs se réuniront à nouveau, mais sur un plan plus amical et, éventuellement, comme je l'ai dit dans d'autres ouvrages, il n'y aura sur terre qu'une seule race, d'une seule couleur, que l'on appellera la « race de Bronze ».

8

— Allons, dit le vieil homme en soupirant, voilà un autre chapitre terminé. Veux-tu lire et me dire ce que tu en penses ?

Pendant un moment, le silence régna, rompu par le froissement des feuillets de papier et par le grincement du vieux fauteuil roulant tandis que le vieil homme cherchait une position plus confortable tout en maudissant ces engins mal conçus. Enfin on put entendre le claquement de la liasse de feuillets sur la table.

— Mais tu disais que tu indiquerais un remède contre les rages de dents, protesta la femme du vieil homme. Tu sais bien que beaucoup de gens te l'ont demandé, alors pourquoi ne leur dis-tu pas comment ils peuvent soulager leurs maux de dents ?

Le vieil homme soupira derechef.

— Si les gens ont mal aux dents, ils n'ont qu'à les faire arracher. Je n'ai jamais cru à ces stupidités que sont les plombages.

Sa femme étouffa un petit rire et répliqua :

— Non. Mais il ne te reste plus guère de dents, tu sais !

Le vieil homme tâta du bout de la langue les quelques dents qui lui restaient et songea : « Sans doute, mais pas une n'est plombée et j'en aurais davantage si on ne m'avait pas brisé la mâchoire. »

— Bon, bon, grommela-t-il. Nous allons leur donner quelques conseils pour calmer les maux de dents.

La science médicale moderne n'a jamais été capable, pour calmer les douleurs provoquées par les ennuis dentaires, de trouver mieux que les vieux remèdes de la nature. La science médicale moderne prescrit souvent une substance entièrement artificielle qui a malheureusement le grave défaut de « sensibiliser » les personnes contre ce remède. Comme il me paraît que c'est une invention du diable je n'en citerai pas le nom, mais je vous donnerai au contraire un remède naturel infaillible qui vous soulagera.

Allez chez votre pharmacien et achetez un petit flacon d'huile de clous de girofle puis, en rentrant chez vous, prenez un petit tampon d'ouate, et imprégnez-le de cette huile de girofle. Après quoi tamponnez-vous délicatement la gencive autour de la dent douloureuse, et si cette dent est percée par la carie mettez dans le trou un tout petit bout de coton trempé dans l'huile de girofle, enfoncez-le bien afin qu'il ne soit pas délogé, et vous verrez qu'en quelques secondes vous ne souffrirez plus.

Assurez-vous que l'on vous vend une huile de girofle de bonne qualité, car plus elle est pure, plus le soulagement est rapide.

Dans les campagnes, les vieilles gens ont toujours des clous de girofle dans leur cuisine, et dès les premières douleurs, ils en prennent un et le mâchent de manière que l'huile qu'il contient recouvre bien la dent. C'est un des plus anciens remèdes, et aussi le plus moderne.

Cependant, n'attendez pas trop longtemps pour consulter votre dentiste, qui découvrira ce qui provoque votre mal de dents, car vous ne pouvez quand même pas passer votre vie à mâcher des clous de girofle! La meilleure solution est d'arracher la dent.

Incidemment, je me suis toujours demandé pourquoi les soins dentaires devaient être aussi abominables. Chaque fois que je suis allé chez le dentiste j'ai souffert le martyre. Voilà un domaine qui mériterait bien qu'on lui consacrât quelques années de recherches. Si j'avais beaucoup d'argent, et si je pouvais mettre au point ma machine aurique, les dentistes pourraient voir beaucoup plus nettement ce qu'a une dent malade, et comment l'arracher sans douleur.

Ce que j'avais imaginé, c'était un appareil semblable à un polaroïd, pour prendre des photographies instantanées de l'aura d'une personne, en couleur naturellement. Ce sont les couleurs qui sont importantes, vous savez. L'éclat des teintes, et leurs stries particulières sont capitales. Si vous regardez une aura, et si vous voyez la couleur d'une maladie, il est fort possible, à condition d'avoir les appareils adéquats, de guérir la maladie avant qu'elle se soit réellement installée. Elle pourrait se guérir en appliquant les contre-couleurs nécessaires, qui changeraient les teintes « dégradées » de la maladie et, par réaction sympathique, le malade pourrait être soulagé. On partirait de l'aura vers le corps physique.

★

Ce n'est pas un rêve, ni une utopie. C'est un fait : les médecins devraient étudier l'aura. Malheureusement, la science médicale a un siècle de retard, et si seulement les médecins consentaient à travailler et à étudier des idées nouvelles au lieu de répéter : « Ceci est impossible, Aristote ne l'a pas enseigné », tout le monde se porterait mieux et souffrirait moins.

Je m'adresse maintenant à ceux qui désirent voir l'aura et faire des expériences, et qui ont suffisamment d'argent. Achetez une de ces caméras de télévision relativement bon marché, et branchez-la sur votre poste de télévision. La caméra devrait être réglée pour enregistrer et émettre de beaucoup plus hautes fréquences que la normale (c'est-à-dire une portion plus haute du spectre). Si le réglage est bien fait, les spectateurs pourront voir une reproduction floue d'un corps humain, avec des lignes et des ondulations diverses tout autour.

Il est possible, pour ceux qui désirent faire des expériences photographiques et qui ont des notions de chimie, de fabriquer un matériel ultra-sensible qui pourra enregistrer des fréquences beaucoup plus élevées qu'il n'est d'usage dans la photographie habituelle. Cela donne de bons résultats, parce qu'il m'est souvent arrivé de prendre des photos de l'aura humaine, et j'ai détruit tous mes clichés parce que je commençais à en avoir assez d'entendre des savants répéter que de telles choses « sont impossibles » et que les photos devaient être truquées. Un savant (je devrais mettre ce terme entre guillemets) a même affirmé que si la photo avait été prise devant lui et s'il l'avait développée lui-même, il serait malgré tout convaincu qu'il s'agissait d'un trucage; alors j'ai l'impression que le monde n'est pas encore « à point » pour la photographie aurique. Nos savants génies doivent faire encore quelques années d'études.

La vue, l'ouïe et le toucher sont des sujets très intéressants. Ils sont tous tributaires du même spectre de vibrations. Vous est-il jamais arrivé de vous demander à quel moment le toucher devient vue ou ouïe ?

Si vous touchez un objet, vous recevez une vibration très grossière, qui impressionne la partie de votre corps en contact avec l'objet et vous permet de déterminer, plus ou moins, sa densité ou sa composition. Vous pouvez aussi voir l'objet. Mais vous ne pouvez pas voir d'onde sonore, vous ne pouvez pas entendre la chose que vous voyez. Si nous nous élevons dans la gamme du spectre, nous entendons un son. Ce son peut être une note grave, presque à l'échelle du toucher, ou une note haute, presque à l'échelle de la vue. Quand vos oreilles ne réagissent plus à certaines vibrations parce qu'elles sont trop hautes, alors votre vue prend la relève. Vous pouvez, par exemple, voir une couleur rouge sombre. Mais lors de votre prochaine méditation, pensez à la vue.

Quand vous voyez une chose, vous ne la touchez pas forcément, vous n'en avez pas besoin pour savoir ce qu'elle est. Il peut s'agir d'un objet sous globe, ou d'un autre à des milliards de kilomètres dans l'espace. Pourtant, cette chose que vous voyez vous touche, sans quoi vous ne pourriez la percevoir. Vous pouvez simplement voir un objet, lorsqu'il vibre au point d'engendrer des particules de lui-même dans l'espace et produit des vibrations qui parviennent jusqu'à vous et vous touchent. Mais ces vibrations sont si frêles qu'une simple feuille de papier noir peut les intercepter, alors que les dures vibrations des sons peuvent percer un mur de pierre.

On pourrait dire que cela nous apporte un exemple, pour décrire la différence entre la vie terrestre et la vie astrale. Les dures vibrations du son représentent la vie sur terre, et les plus hautes, presque imperceptibles, la vie astrale.

Dans l'astral, nous possédons une variété de sens qu'il nous est impossible d'imaginer dans la vie physique. Beaucoup de gens m'écrivent pour me demander comment il est possible qu'une personne de la quatrième dimension lâche — ce n'est qu'un exemple — une pierre dans le salon de quelqu'un. Je crois que celui ou celle qui m'a posé cette question précise devait avoir lu récemment dans un journal un article sur une maison hantée, où des pierres atterrissaient dans des chambres fermées à clef. Je répondrai que, dans le monde tridimensionnel de la chair nous ne pouvons percevoir que les dimensions charnelles, et s'il y avait par hasard une ouverture ailleurs, nos yeux physiques ne pourraient la voir.

Supposons que les êtres humains ne puissent regarder qu'en bas, ou qu'ils soient bidimensionnels. Alors, s'ils ne peuvent regarder qu'en bas, ils ne voient pas le plafond au-dessus d'eux. Mais si une autre personne, en dehors de la pièce, peut constater qu'il n'y a pas de plafond, elle peut très facilement jeter une pierre sur celle qui ne peut relever la tête.

Cette explication est assez rudimentaire, mais en réalité, voici se qui se passe : toutes les pièces, ou tous les lieux terrestres, ont une autre ouverture, que les êtres humains terrestres ne peuvent voir parce qu'il leur manque l'organe qui leur permettrait de percevoir cette autre dimension. Cependant, la personne se trouvant dans l'univers quadridimensionnel peut se servir de cette ouverture et y faire passer des objets alors que pour la personne tridimensionnelle les murs autour d'elle sont solides et sans ouvertures.

C'est une plaisanterie qui enchante les entités inférieures qui aiment à se faire passer pour des lutins.

Nous ne devons pas oublier non plus la dame qui m'a écrit pour me demander de lui expliquer en termes simples la nature de la télépathie. Elle avait lu tous mes livres, mais apparemment, la télépathie la plongeait dans des abîmes de perplexité. Alors voyons ce que nous pouvons faire pour elle.

Tous les savants sont aujourd'hui d'accord pour penser que le cerveau engendre de l'électricité. Il existe des appareils qui enregistrent les ondes électriques cervicales. On place sur le crâne du patient une espèce de casque et quatre lignes onduleuses indiquent quatre différents niveaux de pensée. On a donné à ces lignes sinueuses des noms grecs, Dieu sait pourquoi, mais cela ne nous concerne pas. Le cerveau engendre donc de l'électricité, qui varie selon les pensées un peu comme si l'on parlait dans un microphone et que les mots engendreraient un courant constamment variable dans son intensité, selon ce que l'on dit. Prenons par exemple un magnétophone; on parle dans le micro et le discours imprime sur une bande spéciale d'infimes courants magnétiques. Plus tard, quand on repasse la bande, on obtient la reproduction du discours. Le cerveau humain produit un courant électrique qu'un autre cerveau peut enregistrer, de même que la bande magnétique du magnétophone enregistre les infimes impulsions engendrées par les vibrations de la voix qui sont transmises à des impulsions électriques.

Lorsque vous pensez, vous diffusez vos pensées. La plupart des gens ne peuvent entendre les pensées des autres, et c'est fort heureux car tout le monde pense, à tout moment, et si l'on pouvait entendre ce bruit perpétuel on deviendrait fou. En s'entraînant, ou par un caprice de la nature, il est possible de se mettre à l'écoute de la pensée parce que, comme notre cerveau engendre de l'électricité, il est capable de recevoir des impulsions électriques. C'est en quelque sorte un émetteur-récepteur. Cette forme de télépathie permet au corps de rester en contact avec le Sur-moi, la télépathie étant dans ce cas produite par un courant spécial de très haute fréquence passant du cerveau au corps charnel, par le chemin de la corde d'argent, et de là au Sur-moi.

Mais pour répondre le plus simplement possible à la question « Comment marche la télépathie ? », il suffit de dire que tous les cerveaux sont des émetteurs-récepteurs, et que, si vous saviez comment brancher votre récepteur, vous seriez assourdi par les pensées de tous les passants. Il est beaucoup plus facile de capter les pensées des êtres avec lesquels nous nous entendons bien que celles de ceux avec qui nous sommes incompatibles. Voici un bon exercice : essayez de deviner ce qu'une personne que vous connaissez bien va dire, avant qu'elle ouvre la bouche. Si vous persévérez à ce jeu de devinettes, vous découvrirez bientôt que vos réussites dépassent de loin les simples lois du hasard, et vous comprendrez que vous avez fait un très grand pas vers la communication télépathique avec une personne que vous aimez. Cela encore exige beaucoup de pratique et de patience, mais lorsque vous serez devenu véritablement télépathe vous le regretterez parce que la vie sera pour vous un perpétuel brouhaha car les humains et les animaux ne cessent de parler entre eux.

9

Au-dehors, dans le quartier habité par le vieil homme, le bruit était assourdissant, incessant. D'énormes marteaux pneumatiques creusaient des trous profonds sur la colline sur laquelle s'étaient dressées jadis de belles maisons. Les femmes des marins avaient vécu là, veillant nuit après nuit, tournées vers la mer, attendant le retour de leur mari, le retour des navires au havre et une lumière brillait en permanence à une fenêtre de chaque maison pour accueillir le voyageur.

Une très belle maison ancienne, dominant toutes les autres, s'était dressée fièrement pendant de longues années, et quand elle fut vide, le fantôme de la vieille dame qui avait guetté en vain le retour de son mari bien-aimé devint familier à tous. Toutes les nuits, elle se tenait à la fenêtre donnant sur le port, écartant d'une main le rideau pour mieux voir. Toutes les nuits, sa silhouette spectrale guettait le retour de celui qui ne devait jamais lui revenir, l'homme aimé dont le corps gisait au fond des mers, à des milliers de kilomètres de son foyer.

Maintenant la maison était démolie. Toute la rue était rasée et les marteaux pneumatiques voraces entamaient la roche, la déchiraient, la coupaient en morceaux, pour faire place à la civilisation du progrès. Là passerait bientôt une grande route, une large artère coupant la ville, franchissant la rivière par un pont tout neuf. Le bruit ne cessait pas. D'énormes bulldozers poussaient de grands amas de terre et de rochers, des pelleteuses mécaniques creusaient la terre meuble, des camions allaient et venaient dans un bruit d'enfer, à toute heure du jour et de la nuit. Les hommes criaient, les chiens aboyaient, depuis longtemps la paix avait déserté ce lieu.

Le vieil homme se pencha sur les lettres de ses lecteurs, et mit de côté la dernière. Sa femme leva les yeux de son tricot, avec un petit soupir de soulagement, heureuse que cette tâche touche à sa fin. Puis elle se leva et alla donner à manger aux Petites Filles Chattes, qui étaient arrivées au galop en déclarant que c'était l'heure du thé et qu'elles voulaient vite goûter, s'il vous plaît, parce qu'elles avaient beaucoup réfléchi et avaient grand-faim. Alors la femme du vieil homme sortit de la pièce, les deux chattes sur ses talons.

Le vieil homme se tourna vers Bouton d'Or, faussement appelé en espagnol Anapola.

— Bouton d'Or, dit-il, peu importe que les postiers soient en grève, nous avons fait du bon travail en répondant à toutes ces questions, tu ne crois-pas ?

Bouton d'Or eut l'air heureux d'apprendre que le travail de la journée était fini.

— Tu n'as commencé que depuis deux semaines, dit-il, et voilà que le livre est déjà terminé !

— Oui, répliqua le vieil homme, mais tu as bien tapé

sept mille mots par jour, n'est-ce pas ? Tu m'as bien aidé.

Bouton d'or se pourlécha de plaisir et de fierté.

— Dans ce cas, dit-il, je n'ai plus qu'un seul mot à taper en trois lettres. Je n'ai plus qu'à écrire.

FIN

Aventure Mystérieuse

BELLINE Marcel	Un voyant à la recherche du temps futur 2502/4
BERLITZ Charles	Le Triangle des Bermudes 2018/3
FLAMMARION Camille	Les maisons hantées 1985/3
GASSIOT-TALABOT Gérald	Yaguel Didier ou La mémoire du futur 3076/7
MACKENZIE Vicki	L'enfant lama 3360/4
MAHIEU Jacques de	Les Templiers en Amérique 2137/3
MARTINO Bernard	Les chants de l'invisible 3228/8
MURPHY Joseph Dr	Comment utiliser les pouvoirs du subconscient 2879/4
PETIT Jean-Pierre	Enquête sur des extra-terrestres... 3438/3
PRIEUR Jean	La prémonition et notre destin 2923/4
	L'âme des animaux 3039/4
	Hitler et la guerre luciférienne 3161/4 Inédit
RAQUIN Bernard	Retrouvez vous-même vos vies antérieures 3275/4
ROUCH Dominique	Dieu seul le sait 3266/3 Inédit
SADOUL Jacques	Le trésor des alchimistes 2986/4
VALLEE Jacques	Autres dimensions 3060/5
	Confrontations 3381/4

RAMPA T. Lobsang

Histoire de Rampa 1827/3
La caverne des Anciens 1828/3
Le troisième œil 1829/3
Les secrets de l'aura 1830/3
Les clés du nirvâna 1831/3
Crépuscule 1851/2
La robe de sagesse 1922/3
Je crois 1923/2

C'était ainsi 1976/2
Les trois vies 1982/2
Lama médecin 2017/3
L'ermite 2538/3
La treizième chandelle 2593/3
Pour entretenir la flamme 2669/3
Les lumières de l'Astral 2739/3
Les univers secrets 2991/3
Le dictionnaire de Rampa 3053/4

Les Nouvelles Clés du Mieux-être

ASHLEY Nancy	*Construisez vous-même votre bonheur* 3146/3 Inédit
BONDI Julia A.	*Amour, sexe et clarté* 2817/3 Inédit
BOWMAN Catherine	*Cristaux et prise de conscience* 2920/3 Inédit
BRO H. H.	Voir à Cayce
CAMPBELL Joseph	*Puissance du mythe* 3095/5 Inédit
CAYCE Edgar	*...et la réincarnation* (par Noel Langley) 2672/4
	Les rêves et la réalité (par H. H. Bro) 2783/4
	L'homme du mystère (par Joseph Millard) 2802/3
CHOPRA Deepak Dr	*Le retour du Sage* 3458/4
DAMEON-KNIGHT Guy	*Karma, destinée et Yi King* 2763/3 Inédit
DENNING M. & PHILLIPS O.	*La visualisation créatrice* 2676/3 Inédit
DOORE Gary	*La voie des chamans* 2674/3 Inédit
FONTAINE Janine	*Médecin des trois corps* 3408/6
GIMBELS Theo	*Les pouvoirs de la couleur* 3054/5
HAYES Peter	*L'aventure suprême* 2849/3 Inédit
JAFFE Dennis T.	*La guérison est en soi* 3354/5
KOECHLIN de BIZEMONT Dorothée	*L'univers d'Edgar Cayce* 2786/5
	L'univers d'Edgar Cayce - 2 3246/5
	L'astrologie karmique 2878/6
	Les prophéties d'Edgar Cayce 2978/6
LANGLEY Noel	Voir à Cayce
LANGS Robert Dr	*Interprétez vos rêves* 3477/4 Inédit (Juin 93)
LEVINE Frédérick G.	*Pouvoirs psychiques* 3162/4 Inédit
MACLAINE Shirley	*Danser dans la lumière* 2462/5
	Le voyage intérieur 3077/3
	Miroir secret 3188/5
MILLARD Joseph	Voir à Cayce
MONTGOMERY Ruth	*Au-delà de notre monde* 2895/3 Inédit
MOODY Raymond Dr	*La vie après la vie* 1984/2
	Lumières nouvelles... 2784/2
	La lumière de l'au-delà 2954/2
PEARCE Joseph Chilton	*La fêlure dans l'œuf cosmique* 3022/4 Inédit
PECK Scott	*Le chemin le moins fréquenté* 2839/5
	Les gens du mensonge 3207/5 Inédit
PECOLLO Jean-Yves	*La sophrologie* 3314/5
ROBERTS Jane	*Le Livre de Seth* 2801/5 Inédit
	L'enseignement de Seth 3038/7 Inédit
RYERSON et HAROLDE	*La communication avec les esprits* 3113/4 Inédit
SAINT-AMANS de	*L'intelligence et le pouvoir des nombres* 3364/5
SIEGEL Bernie	*L'amour, la médecine et les miracles* 2908/4
SMITH Michael G.	*Le pouvoir des cristaux* 2673/3 Inédit
STEVENS Jose & Lena	*Secrets du chamanisme* 3265/6 Inédit
WAGNER McLAIN Florence	*Guide pratique du voyage dans les vies antérieures* 3061/2
WAMBACH Helen	*Revivre le passé* 3293/4
WATSON Lyall	*Supernature* 2740/4
	Histoire naturelle du surnaturel 2842/4
WEISS Brian L. Dr	*De nombreuses vies, de nombreux maîtres* 3007/3 Inédit

Des livres qui vous font du bien
Une collection de livres pratiques qui affiche clairement sa vocation : permettre à chacun de mieux vivre, physiquement et moralement, avec soi-même et avec les autres, sa vie de tous les jours : Santé, Sexualité, Beauté-Forme, Alimentation-Diététique, Vie quotidienne.

ARON-BRUNETIERE Dr R.	La beauté ou les progrès de la médecine 7006/4
BEAUDEMONT-DUBUS A.	La cuisine de la femme pressée 7017/3
BOEDEC Martine	L'homéopathie au quotidien 7021/3 (Juin 93)
BONDIL Dr & KAPLAN M.	Votre alimentation selon Dr Kousmine 7010/5
CAKIROGLU Béatrice	Les droits du couple 7018/6
COMBY Bruno	Tabac, libérez-vous ! 7012/4
DREVET & GALLIN-MARTEL Drs	Bien vivre avec son dos 7002/4
ELIA Dr D.	Comment rester jeune après 40 ans 7008/4
FLUCHAIRE Pierre	Bien dormir pour mieux vivre 7005/4
FLUCHAIRE & MONTIGNAC	Plus jamais fatigué ! 7015/5
GERENT Céline	Savoir vivre sa sexualité 7014/5
LEFORT Colette	Maigrir à volonté... ou sans volonté ! 7003/4
LELEU Dr G.	Le traité des caresses 7004/5
LOO Pr & CUCHE Dr	Je suis déprimé mais je me soigne 7009/4
MAURY Dr E.	La médecine par le vin 7016/3
MELLODY Pia	Vaincre la dépendance 7013/4
MITZ Dr V.	Le choix d'être belle 7019/6 (Juin 93)
NORWOOD Robin	Ces femmes qui aiment trop 7020/6 (Juin 93)
PALLARDY Pierre	Les chemins du bien-être 7001/3
PALLARDY Pierre & Florence	La forme naturelle 7007/4
VIGOR Marie-France	Enfants : comment répondre à leurs questions ! 7011/6

Littérature
extrait du catalogue

Cette collection est d'abord marquée par sa diversité : classiques, grands romans contemporains, témoignages. A chacun son livre, à chacun son plaisir : Henri Troyat, Bernard Clavel, Guy des Cars, Frison-Roche, Djian, Belletto mais aussi des écrivains étrangers tels que Virginia Andrews, Nina Berberova, Colleen McCullough ou Konsalik.

Les classiques tels que Stendhal, Maupassant, Flaubert, Zola, Balzac, etc. sont publiés en texte intégral au prix le plus bas de toute l'édition. Chaque volume est complété par un cahier illustré sur la vie et l'œuvre de l'auteur.

ADLER Philippe	Bonjour la galère ! 1868/2
	Les amies de ma femme 2439/3
	Graine de tendresse 2911/3
	Qu'est-ce qu'elles me trouvent ? 3117/3
AGACINSKI Sophie	La tête en l'air 3046/5
AMADOU Jean	La belle anglaise 2684/4
AMADOU - COLLARO - ROUCAS	Le Bébête show 2824/5 & 2825/5 Illustrés
AMIEL Joseph	Le promoteur 3215/9
ANDERSEN Christopher	Citizen Jane 3338/7
ANDERSON Peggy	Hôpital des enfants 3081/7

ANDREWS Virginia C.

Fleurs captives :
- Fleurs captives 1165/4
- Pétales au vent 1237/4
- Bouquet d'épines 1350/4
- Les racines du passé 1818/4
- Le jardin des ombres 2526/4

La saga de Heaven
- Les enfants des collines 2727/5
- L'ange de la nuit 2870/5
- Cœurs maudits 2971/5
- Un visage du paradis 3119/5
- Le labyrinthe des songes 3234/6

Ma douce Audrina 1578/4
Aurore 3464/5 (Juin 93)

APOLLINAIRE Guillaume	Les onze mille verges 704/1
	Les exploits d'un jeune don Juan 875/1
ARCHER Jeffrey	Le pouvoir et la gloire (Kane et Abel) 2109/7
	Faut-il le dire à la Présidente ? 2376/4
ARSAN Emmanuelle	Les débuts dans la vie 2867/3
	Chargée de mission 3427/3 (Juin 93)
ATTANÉ Chantal	Le propre du bouc 3337/2
ATWOOD Margaret	La servante écarlate 2781/4
	Œil-de-chat 3063/8
AVRIL Nicole	Monsieur de Lyon 1049/3
	La disgrâce 1344/3
	Jeanne 1879/3
	L'été de la Saint-Valentin 2038/2
	La première alliance 2168/3
	Sur la peau du Diable 2707/3
	Dans les jardins de mon père 3000/3
BACH Richard	Jonathan Livingston le goéland 1562/1 Illustré
	Illusions/Le Messie récalcitrant 2111/2
	Un pont sur l'infini 2270/4
	Un cadeau du ciel 3079/3

Littérature

BAILLY Othilie	L'enfant dans le placard 3029/**2**
BALZAC Honoré de	Le père Goriot 1988/**2**
BANCQUART Marie-Claire	Photos de famille 3015/**3**
BAPTISTE-MARREY	Les papiers de Walter Jonas 3441/**9**
BARBELIVIEN Didier	Rouge cabriolet 3299/**2**
BARRIE James M.	Peter Pan 3174/**2**
BAUDELAIRE Charles	Les Fleurs du mal 1939/**2**
BÉARN Myriam et Gaston de	Gaston Phébus :
	1 - Le lion des Pyrénées 2772/**6**
	2 - Les créneaux de feu 2773/**6**
	3 - Landry des Bandouliers 2774/**5**
BEART Guy	L'espérance folle 2695/**5**
BELLEMARE Pierre	Les dossiers d'Interpol 2844/**4** & 2845/**4**
BELLEMARE P. et ANTOINE J.	Les dossiers extraordinaires 2820/**4** & 2821/**4**
BELLETTO René	Le revenant 2841/**5**
	Sur la terre comme au ciel 2943/**5**
	La machine 3080/**6**
	L'Enfer 3150/**5**
BELLONCI Maria	Renaissance privée 2637/**6** Inédit
BENZONI Juliette	Le Gerfaut des Brumes :
	- Le Gerfaut 2206/**6**
	- Haute Savane 2209/**5**
BERBEROVA Nina	Le laquais et la putain 2850/**2**
	Astachev à Paris 2941/**2**
	La résurrection de Mozart 3064/**1**
	C'est moi qui souligne 3190/**8**
	L'accompagnatrice 3362/**4**
	De cape et de larmes 3426/**1**
BERG Jean de	L'image 1686/**1**
BERGER Thomas	Little Big Man 3281/**8**
BERTRAND Jacques A.	Tristesse de la Balance... 2711/**1**
BEYALA Calixthe	C'est le soleil qui m'a brûlée 2512/**2**
BISIAUX M. et JAJOLET C.	Chat plume (60 écrivains...) 2545/**5**
BLAKE Michael	Danse avec les loups 2958/**4**
BOGGIO Philippe	Coluche 3268/**7**
BORGEN Johan	Lillelord 3082/**7**
BORY Jean-Louis	Mon village à l'heure allemande 81/**4**
BOULET Marc	Dans la peau d'un Chinois 2789/**7** Illustré
BRAVO Christine	Avenida B. 3044/**3**
	Les petites bêtes 3104/**2**
BROOKS Terry	Hook 3298/**4**
BRUNELIN André	Gabin 2680/**5** & 2681/**5**
BURON Nicole de	Les saintes chéries 248/**3**
	Vas-y maman 1031/**2**
	Dix-jours-de-rêve 1481/**3**
	Qui c'est, ce garçon ? 2043/**3**
	C'est quoi, ce petit boulot ? 2880/**4**
	Où sont mes lunettes ? 3297/**4**
CARDELLA Lara	Je voulais des pantalons 2968/**2**
CARREL Dany	L'Annamite 3459/**7** (Juin 93)

Littérature

CARS Guy des
- La brute 47/3
- Le château de la juive 97/4
- La tricheuse 125/3
- L'impure 173/4
- La corruptrice 229/3
- La demoiselle d'Opéra 246/3
- Les filles de joie 265/3
- La dame du cirque 295/2
- Cette étrange tendresse 303/3
- La cathédrale de haine 322/4
- L'officier sans nom 331/3
- Les sept femmes 347/3
- La maudite 361/3
- L'habitude d'amour 376/3
- La révoltée 492/4
- Amour de ma vie 516/3
- Le faussaire 548/4
- La vipère 615/3
- L'entremetteuse 639/3
- Une certaine dame 696/5
- L'insolence de sa beauté 736/3
- L'amour s'en va-t-en guerre 765/3
- Le donneur 809/3
- J'ose 858/3
- La justicière 1163/2
- La vie secrète de Dorothée Gindt 1236/2
- La femme qui en savait trop 1293/3
- Le château du clown 1357/4
- La femme sans frontières 1518/3
- Le boulevard des illusions 1710/3
- La coupable 1880/3
- L'envoûteuse 2016/5
- Le faiseur de morts 2063/3
- La vengeresse 2253/3
- Sang d'Afrique 2291/5
- Le crime de Mathilde 2375/4
- La voleuse 2660/3
- Le grand monde 2840/8
- La mère porteuse 2885/4
- L'homme au double visage 2992/4
- L'amoureuse 3192/3
- Je t'aimerai éternellement 3462/4 (Juin 93)

CARS Jean des	Sleeping story 832/4
	La princesse Mathilde 2827/6
CASSAR Jacques	Dossier Camille Claudel 2615/5
CATO Nancy	L'Australienne 1969/4 & 1970/4
	Les étoiles du Pacifique 2183/4 & 2184/4
	Lady F. 2603/4
	Tous nos jours sont des adieux 3154/8
CESBRON Gilbert	Chiens perdus sans collier 6/2
	C'est Mozart qu'on assassine 379/3
CHABAN-DELMAS Jacques	La dame d'Aquitaine 2409/2
CHAILLOT N. et VILLIERS F.	Manika une vie plus tard 3010/2
CHAMSON André	La Superbe 3269/7
	La tour de Constance 3342/7
CHATEL Philippe	Il reviendra 3191/3
CHEDID Andrée	La maison sans racines 2065/2
	Le sixième jour 2529/3
	Le sommeil délivré 2636/3
	L'autre 2730/3
	Les marches de sable 2886/3
	L'enfant multiple 2970/3
	Le survivant 3171/2
	La cité fertile 3319/2
CHOW CHING LIE	Le palanquin des larmes 859/4
	Concerto du fleuve Jaune 1202/3
CICCIOLINA	Confessions 3085/3 Illustré
CLANCIER Georges-Emmanuel	Le pain noir 651/3
CLAUDE Hervé	L'enfant à l'oreille cassée 2753/2

Littérature

CLAVEL Bernard
Le tonnerre de Dieu 290/1
Le voyage du père 300/1
L'Espagnol 309/4
Malataverne 324/1
L'hercule sur la place 333/3
Le tambour du bief 457/2
Le massacre des innocents 474/2
L'espion aux yeux verts 499/3
La grande patience :
1 - La maison des autres 522/4
2 - Celui qui voulait voir la mer 523/4
3 - Le cœur des vivants 524/4
4 - Les fruits de l'hiver 525/4
Le Seigneur du Fleuve 590/3
Pirates du Rhône 658/2
Le silence des armes 742/3
Tiennot 1099/2
Les colonnes du ciel :
1 - La saison des loups 1235/3
2 - La lumière du lac 1306/4
3 - La femme de guerre 1356/3
4 - Marie Bon Pain 1422/3
5 - Compagnons du Nouveau-Monde 1503/3
Terres de mémoire 1729/2
Qui êtes-vous ? 1895/2
Le Royaume du Nord :
- Harricana 2153/4
- L'Or de la terre 2328/4
- Miséréré 2540/4
- Amarok 2764/3
- L'angélus du soir 2982/3
- Maudits sauvages 3170/4
Quand j'étais capitaine 3423/3

CLOSTERMANN Pierre	Le Grand Cirque 2710/5
COCTEAU Jean	Orphée 2172/2
COLETTE	Le blé en herbe 2/1
COLLARD Cyril	Les nuits fauves 2993/3
COLOMBANI M.-F.	Donne-moi la main, on traverse 2881/3
	Derniers désirs 3460/2 (Juin 93)
CONNELL Evan S.	Mr. et Mrs. Bridge 3041/8
CONROY Pat	Le Prince des marées 2641/5 & 2642/5
	Le Grand Santini 3155/8
COOPER Fenimore J.	Le dernier des Mohicans 2990/5
COOPER Mary Ann	Côte Ouest 3086/4
CORMAN Avery	Kramer contre Kramer 1044/3
	50 bougies et tout recommence 2754/3
COUSTEAU Commandant	Nos amies les baleines 2853/7 Illustré
	Les dauphins et la liberté 2854/7 Illustré
	Un trésor englouti 2967/7 Illustré
	Compagnons de plongée 3031/7 Illustré
DAUDET Alphonse	Tartarin de Tarascon 34/1
	Lettres de mon moulin 844/1
	Le Petit Chose 3339/3
DAVENAT Colette	Le soleil d'Amérique 2726/6
DERLICH Didier	Intuitions 3334/4
DHÔTEL André	Le pays où l'on n'arrive jamais 61/2
DICKENS Charles	Espoirs et passions 2643/5
	Oliver Twist 3442/9
DICKEY James	Délivrance 531/3
DIDEROT Denis	Jacques le fataliste 2023/3
DIWO Jean	Au temps où la joconde parlait 3443/7
DJIAN Philippe	37°2 le matin 1951/4
	Bleu comme l'enfer 1971/4
	Zone érogène 2062/4

Littérature

DJIAN (suite)	*Maudit manège* 2167/**5**
	50 contre 1 2363/**3**
	Echine 2658/**5**
	Crocodiles 2785/**2**
DORIN Françoise	*Les lits à une place* 1369/**4**
	Les miroirs truqués 1519/**3**
	Les jupes-culottes 1893/**4**
	Les corbeaux et les renardes 2748/**5**
	Nini Patte-en-l'air 3105/**6**
DUBOIS Jean-Paul	*Les poissons me regardent* 3340/**3**
DUFOUR Hortense	*Le château d'absence* 2902/**5**
DUMAS Alexandre	*La reine Margot* 3279/**8**
	Les trois mousquetaires 3461/**9** (Juin 93)
DUNKEL Elizabeth	*Toutes les femmes aiment un poète russe* 3463/**7** (Juin 93)
DUROY Lionel	*Priez pour nous* 3138/**4**
D'EAUBONNE Françoise	*Isabelle Eberhardt* 2989/**6**
EBERHARDT Isabelle	*Lettres et journaliers* 2985/**6**
EDWARDS Page	*Peggy Salté* 3118/**6**
Dr ETIENNE	*Transantarctica* 3232/**5**
Dr ETIENNE et DUMONT	*Le marcheur du Pôle* 2416/**3**
FISHER Carrie	*Bons baisers d'Hollywood* 2955/**4** Inédit
FLAGG Fannie	*Beignets de tomates vertes* 3315/**7**
FLAUBERT Gustave	*Madame Bovary* 103/**3**
FOSSET Jean-Paul	*Chemins d'errance* 3067/**3** (Exclusivité)
	Saba 3270/**3** (Exclusivité)
FOUCHET Lorraine	*Jeanne, sans domicile fixe* 2932/**4** (Exclusivité)
	Taxi maraude 3173/**4** (Exclusivité)
FRANCESCHI Patrice	*Qui a bu l'eau du Nil...* 2984/**4** Illustré

FRISON-ROCHE

La peau de bison 715/**2** *Retour à la montagne* 960/**3**
La vallée sans hommes 775/**3** *La piste oubliée* 1054/**3**
Carnets sahariens 866/**3** *Le rapt* 1181/**4**
Premier de cordée 936/**3** *Djebel Amour* 1225/**4**
La grande crevasse 951/**3** *Le versant du soleil* 1451/**4** & 1452/**4**
 L'esclave de Dieu 2236/**6**

GAGARINE Marie	*Blonds étaient les blés d'Ukraine* 3009/**6**
	Le thé chez la Comtesse 3172/**5** Illustré
GARRISON Jim	*JFK* 3267/**5** Inédit
GEBHARDT Heiko	*La mère d'Anna* 3196/**3**
GEDGE Pauline	*La dame du Nil* 2590/**6**
GEORGY Guy	*Folle avoine* 3391/**4**
GILBERT Sarah	*Une équipe hors du commun* 3355/**3**
GLASER E. & PALMER L.	*En l'absence des anges* 3318/**6**
GOISLARD Paul-Henry	Sarah :
	1 - La maison de Sarah 2583/**5**
	2 - La femme de Prague 2584/**4**
	3 - La croisée des amours 2731/**6**
GORBATCHEV Mikhaïl	*Perestroïka* 2408/**4**
GRAFFITI Kriss	*Et l'amour dans tout ça ?* 2822/**2**
GRAY Martin	*Le livre de la vie* 839/**2**

Littérature

GROULT Flora	*Maxime ou la déchirure* 518/2
	Un seul ennui, les jours raccourcissent 897/2
	Ni tout à fait la même, ni tout à fait une autre 1174/3
	Une vie n'est pas assez 1450/3
	Mémoires de moi 1567/2
	Le passé infini 1801/3
	Le temps s'en va, madame.... 2311/2
	Belle ombre 2898/4
GUIMARAES Bernardo	*Isaura* 2200/2
HALEY Alex	*Racines* 968/4 & 969/4
HAMBLY Barbara	*La Belle et la Bête* 2959/3
HANSKA Evane	*Que sont mes raouls devenus ?* 3043/2
HARVEY Kathryn	*Butterfly* 3252/7 Inédit
HAWKING Stephen	*Une brève histoire du temps* 3361/3
HAYDEN Torey L.	*L'enfant qui ne pleurait pas* 1606/3
	Kevin le révolté 1711/4
	Les enfants des autres 2543/5
	La forêt de tournesols 2988/5
	Une enfant comme les autres 3369/6

HÉBRARD Frédérique

Un mari c'est un mari 823/2
La vie reprendra au printemps 1131/3
La chambre de Goethe 1398/3
Un visage 1505/2
La Citoyenne 2003/3
Le mois de septembre 2395/2
Le Harem 2456/3
La petite fille modèle 2602/3
La demoiselle d'Avignon 2620/4
Le mari de l'Ambassadeur 3099/6

HEYMAN David	*Pauvre petite fille riche* 2963/4
HILL Susan	*Je suis le seigneur du château* 2619/3
HOFFMAN Alice	*La nuit du loup* 2803/4
	L'enfant du hasard 3465/3
HOFFMANN Stephane	*Le gouverneur distrait* 2983/3
HOLLANDER Xaviera	*Nouvelles aventures pimentées* 2758/3
HUBERT Jean-Loup	*Le grand-chemin* 3425/3
HUET & COQUART	*Bourvil ou la tendresse du rire* 3195/4
IGLESIAS Julio	*Julio raconte Iglesias* 3175/4
JAGGER Brenda	*Les chemins de Maison Haute* 2818/8
	La chambre bleue 2838/7
	Un manoir sur la lande 3152/6
JEAN Raymond	*La lectrice* 2510/2
	Transports 2790/2
	Le roi de l'ordure 3101/3
JEURY Michel	*Le vrai goût de la vie* 2946/4
	Une odeur d'herbe folle 3103/5
	Le soir du vent fou 3394/5
JOHNSON "Magic" Earvin	*L'amour sans risque* 3363/2
JULIET Charles	*L'année de l'éveil* 2866/3
KAYE M.M.	*Pavillons lointains* 1307/4 & 1308/4
	L'ombre de la lune 2155/4 & 2156/4
	Mort au Cachemire 2508/4
	Mort à Berlin 2809/3
	Mort à Chypre 2965/4

Littérature

KENEALLY Thomas	La liste de Schindler 2316/**6**
KIPLING Rudyard	Le livre de la jungle 2297/**2**
	Simples contes des collines 2333/**3**
	Le second livre de la jungle 2360/**2**
KLEIN Norma	Mon rayon de soleil 3367/**3**
KNOBELSPIESS Roger	Voleur de poules 3210/**2**

KONSALIK Heinz G.

Amours sur le Don 497/**5**
La passion du Dr Bergh 578/**4**
Dr Erika Werner 610/**3**
Mourir sous les palmes 655/**4**
Aimer sous les palmes 686/**3**
Les damnés de la taïga 939/**4**
Une nuit de magie noire 1130/**2**
Bataillons de femmes 1907/**6**
Un mariage en Silésie 2093/**4**
Coup de théâtre 2127/**3**
Clinique privée 2215/**3**
La nuit de la tentation 2281/**3** Inédit
La guérisseuse 2314/**6**
Conjuration amoureuse 2399/**2**
La jeune fille et le sorcier 2474/**3**
Et cependant la vie était belle 2698/**4**
Le sacrifice des innocents 2897/**3**
La saison des dames 2999/**4** Inédit
Le pavillon des rêves 3122/**3**
La vallée sans soleil 3254/**5** Inédit
La baie des perles noires 3413/**5** Inédit

KOSINSKI Jerzy	L'oiseau bariolé 270/**3**
KOUSMINE Catherine Dr	Sauvez votre corps 2712/**7**
KUBELKA Susanna	Ophélie apprend à nager 3027/**5**
L'HÔTE Jean	Confessions d'un enfant de chœur 260/**2**
	La Communale 2329/**2**
LACAMP Ysabelle	La Fille du Ciel 2863/**5**
	L'éléphant bleu 3209/**5**
LACLOS Choderlos de	Les liaisons dangereuses 2616/**4**
LAFFERRIERE Dany	Comment faire l'amour avec un nègre... 2852/**3**
LAFON Monique	Mon enfant, ma douleur, mon bonheur 2901/**3**
LAHAIE Brigitte	Moi, la scandaleuse 2362/**3** Illustré
	La femme modèle 3102/**3** Inédit
LAHAYE Jean-Luc	Cent familles 3134/**5**
	Cent familles Tome II 3135/**4**
LASAYGUES Frédéric	Le chien de Goya 3211/**5**
LAUREY Joy	Joy 1467/**2**
	Le retour de Joy 3388/**3**
LAXER Gloria	Les vendanges du silence 2647/**4**
LE BARS André	Flics des beaux quartiers 3370/**6**
LEAMING Barbara	Rita Hayworth 3120/**6** Illustré
LEBLANC Alain	Lucas 3392/**4**
LEFEBVRE Jean	Pourquoi ça n'arrive qu'à moi ? 3193/**3** Illustré
LEFEVRE Françoise	La première habitude 697/**2**
	Le petit prince cannibale 3083/**3**
	Mortel azur 3295/**2**
LEFÈVRE Kim	Métisse blanche 2791/**5**
LIMONOV Edouard	Autoportrait d'un bandit dans son adolescence 2883/**4**
LINDSEY David	Mercy 3123/**7** Inédit
LONDON Jack	Croc-Blanc 2887/**3**
LOTI Pierre	Le roman d'un spahi 2793/**3**
	Pêcheur d'Islande 2944/**3**
LOWERY Bruce	La cicatrice 165/**1**

Achevé d'imprimer en Europe (France)
par Brodard et Taupin à la Flèche (Sarthe)
le 28 mai 1993. 6083H-5
Dépôt légal mai 1993. ISBN 2-277-21831-6
1ᵉʳ dépôt légal dans la collection : déc. 1972

**Éditions J'ai lu
27, rue Cassette, 75006 Paris**
Diffusion France et étranger : Flammarion